WHAT'S KANNON-BODHISATTVA

観音の扉

幸福に生きる智慧

監修／木村 至宏　　文／渡邊 愛子

ブックマン社

はじめに

仏教の世界に登場する如来《にょらい》・菩薩《ぼさつ》のなかで、観音菩薩《かんのんぼさつ》ほど親しまれた仏はない。それに比例して仏像群のなかで、最も多く造像されたのも観音菩薩である。ちなみに、滋賀県下では平安時代だけで一〇〇躯《たい》を超えるほどだ。

観音菩薩像には、十一面《じゅういちめん》・聖《しょう》・千手《せんじゅ》・如意輪《にょいりん》・不空羂索《ふくうけんじゃく》などの各観音菩薩に分かれる。いずれも衆生《しゅじょう》のすべての苦悩を救う力と慈悲《じひ》を表現している。

また、その源となる観音経《かんのんぎょう》（妙法蓮華経観世音菩薩普門品第《みょうほうれんげきょうかんぜおんぼさつふもんぼんだい》二十五）には、観音菩薩の三十三身が説かれている。三十三種類の変化身《へんげしん》があり、それぞれ姿を変えて私たちを救済することが記されている。

奈良時代からはじまる観音菩薩への信仰は、現代に至るまで盛行している。西国三十三所観音巡礼《さいごくさんじゅうさんかしょかんのんじゅんれい》をはじめ、各地の観音めぐりもその一つと言えるだろう。

私も青年のときから観音菩薩との出会いを大事にしている。なかでも滋賀県の湖北《こほく》に数ある十一面観音《じゅういちめんかんのん》には、昨年までに三十一回の出会いを数える。お堂中央の厨子《ずし》が静かに開扉され、なかに神秘さをただよわせる観音菩薩を拝するたびに、思わず自分がいま生きていることを実感する。一〇〇〇年以上の時空を超えて存在する観音菩薩に見守られているような思いがする。

そのときいつも、作家井上靖《いのうえやすし》さんの言葉を思い出す。一九七五年ごろ井上さんが幾度も同じ観音菩薩を拝見されるわけをお聞きした際に「もろもろを救うとされる観音さんと出会うたびに心が静かになる」と話されたことがいまも心に残る。

ところで、本書に紹介された観音菩薩は、日本を代表する優品であるだけでなく、像容のすばらしさ、長きにわたって多くの人々の心に生き続けてきたものばかりである。そして、その背景となった「観音経」を知ることは、明日を生きる私たちの大きな力の泉となるだろう。まさに待望の書である。

木村至宏

もくじ

観音の扉をひらく

日本人のほとんどの人が、観音さまにお参りしたことがあるはずです。それでは「観音さまってどういうお方」とたずねられて答えられる人はどのくらいいるでしょう。

男性？女性？　観音菩薩って仏さまなの？　掌を合わせて祈ると、ご利《り》益《やく》が本当にあるの・・・？　現代人にとっては、仏教の何かしらのシンボルか、はたまた仏教美術としての認識しかないかもしれません。

観音さまは、男性でもあり、女性でもあり、ときには動物やモノにも変幻自在に姿を変えて、救いを求める人のところに、突然、現れます。さまざまな人やモノに姿を変えていますから、なかなか観音さまであることに気づきません。

もしやあれは観音さまだったのではないかと、その変化《へんげ》にあとで気づくこともあります。観音さまの存在がわかりだすと、いつか、自分自身も観音であることが理解できるようになってきます。するといままで観ていた世界が一変するのです。

簡単に言えばそういうことなのです・・・。

それって本当？ そう疑うのは無理もありません。しかし、もしそれが現実にあるとしたら、いったいそれはどういうことなのでしょう。

仏教では、宇宙の真理を悟るものを仏陀《ぶっだ》、またの名を「如来《にょらい》」といいます。釈迦如来、阿弥陀如来、大日如来などの仏さまたちです。

観音さまは、観世音または観自在《かんじざい》と呼ばれる「菩薩《ぼさつ》」です。菩薩は、「悟りの道にある者」ともいわれ、如来の化身となってこの世に生きる私たちに、仏の*智慧《ちえ》を授け、救いの手を差しのべてくれる、いわば救世主のような存在なのです。

宇宙の真理そのものである如来に助けを求めても、直ちに「よしわかった」というわけにもいきません。仏の世界(宇宙の真理)と人間の世界では、それだけ次元に隔たりがあるということです。そこで観音さまなどの菩薩たちが使者となって、私たち人間をサポートしてくださるのです。

それでは観音さまのご利益とは、どういうものでしょうか。観音さまのご利益の話は、霊験記《れいげんき》として昔から日本中に無数といっていいぐらいに遺されています。そのなかでも奈良の長谷寺に伝えられる「わらしべ長者物語」は、もっとも親しまれている霊験話の一つとなっています。

＊智慧…仏教の真理に即して、物事を正しく認識し判断する能力。執着や愛憎などの煩悩を消滅させることができる。

わらしべ長者　長谷観音霊験記

はせかんのんれいげんき

今は昔、初瀬《はつせ》の里に、身寄りもなく貧しい一人の若者がいた。若者は観音さまに毎日参詣して、貧しさを嘆き、幸せにしてもらえぬうちは御前を一歩も動かぬと、一心に祈願した。そして祈願を重ねること数年がたって、ついに観音さまからのお告げがあった。

「お前が、この寺を出たとき、最初に手にしたものを観音の賜り物と思って、棄《す》ててはならぬぞ」というのである。

若者は、さっそく寺にいとま乞《こ》いをし、寺の山門を出たとたん、石にけつまずいて転んでしまった。起きあがって気がつくと、手に一本の藁《わら》しべを握っていた。「なんだ、これが観音さまからの授かりものか」と思ったが、夢のお告げを信じて大切に持ち帰ることにした。

そのまま歩いているとアブがうるさくつきまとう。持っていた藁でアブの胴を縛り、もう片方を棒切れに結わえると、アブは慌てて棒の周りを飛びまわる。そこに上品な身なりの婦人が牛車《ぎっしゃ》に乗って道の向こうからやって来る。その一行のなかにいた子供がそれを珍しがったので、「これは観音さまの賜り物ですが、それほど欲しいのであれば差し上げましょう」と言って渡した。するとそのお礼にと、大きなみかんを三個もらった。

藁しべがみかんに変わったと喜んで歩いていると、身分のありそうな人が、路上であまりの疲労に苦しんでいる。若者が慌てて先ほどのみかんを与えると、たちどころに喉の渇きが癒え、元気が回復した。するとまたその謝礼にと、若者に上等の布三反を差し出した。

藁しべが布三反になったとさらに喜んでいると、今度は向こうから立派な馬に乗った人がやって来る。立派な馬に感心して見ていると、馬は急に倒れ込み、みるみる弱って息絶えてしまった。主人は仕方なくほかの駄馬に乗り換えて、後始末を供の者に任せてその場を立ち去った。そこで若者は、供の者に布一反を渡して死んだ馬をもらい受けた。

若者は直ちに手を洗い、口を漱《すす》いで身を清め、長谷《はせ》観音に向って「もし観音さまにお助けいただけるのなら、どうかこの馬を生き返らせてやってください」。そう一心に祈ると願いが通じてか、奇跡的にも馬は息を吹き返した。そこで布一反で鞍《くら》を買い、残り一反を馬草と自分の食料に換えて、京に上ることにした。

九条のあたりにさしかかると、慌ただしく旅支度をする家が目についた。旅に馬は役に立つ。ここで馬を買い取ってもらおうと持ちかけると、話はトントン拍子に運んで、その家の南の田地一町と米少々とに取り換えることができた。

その後、若者は、田は人に任せて収穫の半分を受け取り、年々財産も増え、一生を幸せに暮らしたという。

この話、多くの人が日本昔話などで聞いたことがあるかもしれません。実はこの話しには、観音さまが伝える仏の世界の多くの智慧が織り込まれています。

観音さまに一心に祈ることで若者は学びます。子供を喜ばせ、苦しむ人を助け、可哀想な馬のために祈り、人のために役立つことをする。そうすることで、身寄りもなく貧しい若者の願いが、一見なんの苦労もなく実現していくのです。

次々と現れる人や動物、モノまでがすべて観音さまの化身のように思われますが、見方を変えれば、若者が観音さまであるかのようにも見えてきます。

観音さまと心を通わすことができれば、観音さまは、あらゆるものに変化《へんげ》して、いついかなる時でも直ちに救いの手を差しのべてくれる。これが観音さまの「絶対愛」ともいえる慈悲の心なのです。

観音さまの慈悲とは、救いとはどういったものか。それを具体的に記しているのが「観音経《かんのんぎょう》」であり、日本に仏教が伝えられたころから、多くの人に生きる智慧を伝えてきた教典となります。

観音経

Kannongyo

画/あだち幸

なぜ、観音というのですか

なぜ、観音というのですか

「観音経」の正式な名前は、「妙法蓮華経観世音菩薩普門品第《みょうほうれんげきょうかんぜおんぼさつふもんぼんだい》二十五」といいます。

「妙法蓮華経《みょうほうれんげきょう》」は略して「法華経《ほけきょう》」が通り名です。法華経は全八巻二十八章から成る経典で、「普門品《ふもんぼん》」は最後の第八巻の最初の章(品)にあたります。「品《ほん》」は章のことです。

では「普門《ふもん》」とは何でしょう。インドの古典言語、サンスクリットでは「サマンタ　ムカ」といいます。サマンタは「あらゆる方向を向く」、ムカは「顔」です。章のタイトルがすでに観音さまの特徴を表しているようです。

世にある八万四千といわれるおびただしい数のお経のほとんどが一定の形をとっています。最初の一句は「如是我聞《にょぜがもん》」です。「私はこのように聞いたのです」と語りはじめられます。聖書もそうであるように、お経はお釈迦《しゃか》さまが自ら筆をとって書かれたものではありません。現代風にいえば、講演の記録です。講師はもちろんお釈迦さまです。

では会場はどこでしょう。「王舎城耆闍崛山《おうしゃじょうきしゃくつせん》」、インドビハール州のラージャグリハ・グリドラクータ山(霊鷲山《りょうじゃせん》)です。ハイキングで登れる程度の高さの山です。ここはほかの多くのお経も語られた場所で、聴衆はお釈迦さまの十大弟子をはじめ無数です。菩薩方のなかには観世音菩薩の名前が見えます。

さて、ひと通り講演が終わりました。

講師のお釈迦さまは拍手のなか退場するのではなく、その場で坐禅《ざぜん》を組みました。すると天から美しい花びらが舞い降り、すべての聴衆に降り注ぎます。こうして法華経のプロローグがはじまります。

そしていよいよ二十五章となりました。

聴衆の一人無尽意菩薩《むじんにぼさつ》が立ち上がって
尊敬を表す身だしなみに整えて、
合掌してお釈迦さまに質問します。

「なぜ、観音というのですか？」

お釈迦さまは懇切にお答えになります。
そして最後にもう一度確かめるように
同じ質問をします。
これはおそらく無尽意菩薩の聴衆の方々への
親切な心遣いでありましょう。
さあ、それでは、お釈迦さまの長い講演を、
詩の形に要約したお答えに耳を傾けてみましょう。

無尽意菩薩…諸仏の無尽の功徳を求め、無尽の衆生を救済する菩薩。

世《せー》尊《そん》妙《みょう》相《そう》具《ぐー》
我《がー》今《こん》重《じゅう》問《もん》彼《ぴー》
佛《ぶっ》子《しー》何《がー》因《いん》縁《ねん》
名《みょう》為《いー》觀《かん》世《ぜー》音《おん》
具《ぐー》足《そく》妙《みょう》相《そう》尊《そん》
偈《げー》答《とう》無《むー》盡《じん》意《にー》

写真／木村芳文「白山連峰」

こころして聴くのだよ
観音菩薩の行《はたらき》は　一人も洩らすことがない
そのお誓いを尋ぬれば　海の深さにたとうべし
数えきれないみ仏に　それぞれ仕え尽くしてぞ
いと大いなる願を建つ
それゆえ人知《じんち》は及ばざる

そなたのために語るべし
おん名を聞きて　み姿に
見《まみ》えし人の心底に　しかと止まることあらば
その人の苦悩たちまちに
草露のごとく解きたもう

汝《にょー》聴《ちょう》観《かん》音《のん》行《ぎょう》 善《ぜん》應《のう》諸《しょー》方《ほう》所《しょー》
弘《ぐー》誓《ぜい》深《じん》如《にょー》海《かい》 歴《りゃっ》劫《こう》不《ふー》思《しー》議《ぎー》
侍《じー》多《たー》千《せんの》億《く》佛《ぶつ》 發《ほつ》大《だい》清《しょう》浄《じょう》願《がん》
我《がー》為《いー》汝《にょー》略《りゃく》説《せつ》 聞《もん》名《みょう》及《ぎゅう》見《けん》身《しん》
心《しん》念《ねん》不《ふー》空《くう》過《かー》 能《のう》滅《めつ》諸《しょー》有《うー》苦《くー》

写真／奈良市観光協会「朝もやの東大寺」

たとえば人に恨まれて
燃えさかる坑《あな》に落とさるるも
観音力を念ずれば
坑はたちまち池となる

はてなき海に漂いて
龍魚《りゅうぎょ》・悪鬼《あっき》を恐るるとき
観音力を念ずれば
波さえそなたを沈めえぬ

龍魚・悪鬼…魔物。人を悪に向かわせる悪い神。あるいは病気のこともいう。

假《けー》使《しー》興《こう》害《がい》意《いー》
推《すい》落《らく》大《だい》火《かー》坑《きょう》
念《ねん》彼《ぴー》觀《かん》音《のん》力《りき》
火《かー》坑《きょう》變《へん》成《じょう》池《ちー》
或《わく》漂《ひょう》流《るー》巨《こー》海《かい》
龍《りゅう》魚《ぎょー》諸《しょー》鬼《きー》難《なん》
念《ねん》彼《ぴー》觀《かん》音《のん》力《りき》
波《はー》浪《ろう》不《ふー》能《のう》没《もつ》

写真／AMA　一葉観音／日本美術研究所

または天突く須弥山《しゅみせん》の
高みより突き落とさるも
観音力を念ずれば
太陽のごとく　空にあり

人に追われて
金剛の峰より足を踏みはずす
その瀬戸際にある時も
観音力を念ずれば
毛ひとすじも　損なわじ

須弥山…仏教の宇宙観において、世界の中央にそびえる山。

或《わく》在《ざい》須《しゅー》彌《みー》峯《ぶー》
為《いー》人《にん》所《しょー》推《すい》堕《だー》
念《ねん》彼《ぴー》觀《かん》音《のん》力《りき》
如《にょー》日《にち》虚《こー》空《くー》住《じゅう》
或《わく》被《ぴー》悪《あく》人《にん》逐《ちく》
堕《だー》落《らく》金《こん》剛《ごう》山《せん》
念《ねん》彼《ぴー》觀《かん》音《のん》力《りき》
不《ふー》能《のう》損《そん》一《いち》毛《もう》

写真／野本暉房「飛雲」

あるいは邪心の怨賊《おんぞく》に取り囲まれて
逃げ場なく　光る刃の下にても
観音力を念ずれば
共に慈心に包まれん

あるいは時代の業ゆえに
罪負い　命とらるるとき
観音力を念ずれば
刃は砕け散りぬべし

あるいは獄《ひとや》に囚われて
枷鎖《かせくさり》もて括《くく》らるも
観音力を念ずれば
こころうち解け放たれん

あらぬ恨みを身にうけて
呪われ、毒薬もらるるとき
観音力を念ずれば
本へ還りて　こともなし

或《わく》値《ちー》怨《おん》賊《ぞく》繞《にょう》　各《かく》執《しゅう》刀《とう》加《かー》害《がい》
念《ねん》彼《ぴー》觀《かん》音《のん》力《りき》　咸《げん》即《ぞく》起《きー》慈《じー》心《しん》
或《わく》遭《そう》王《おう》難《なん》苦《ぐー》　臨《りん》刑《ぎょう》欲《よく》壽《じゅー》終《しゅう》
念《ねん》彼《ぴー》觀《かん》音《のん》力《りき》　刀《とう》尋《じん》段《だん》段《だん》壞《ねー》
或《わく》囚《しゅう》禁《きん》枷《かー》鎖《さー》　手《しゅー》足《そく》被《びー》柱《ちゅう》械《かい》
念《ねん》彼《ぴー》觀《かん》音《のん》力《りき》　釈《しゃく》然《ねん》得《とく》解《げー》脱《だつ》
呪《しゅー》詛《そー》諸《しょー》毒《どく》薬《やく》　所《しょー》欲《よく》害《がい》身《しん》者《じゃー》
念《ねん》彼《ぴー》觀《かん》音《のん》力《りき》　還《げん》著《ちゃく》於《おー》本《ほん》人《にん》

怨賊…怨みを持って死んだ仇敵の霊魂が鬼になって現れてくること。

写真／野本暉房「春の雪・御杖村」

または人食う羅刹《らせつ》たち
毒もつ龍や鬼どもに出遇うときにも
心して観音力を念ずれば
なにごともなく　過ぎ行きぬ

あるいは鋭き牙をもつ
猛《たけ》き獣《けもの》に取りまかれ
爪たてられんそのときに
観音力を念ずれば
いずこともなく　走りさらん

イモリ蛇またマムシさそり
煙のごとく毒を吐き　襲いかからんそのときに
観音力を念ずれば
その声聞きて　消え去らん

あるいは稲妻目くらまし
雷鳴が地を轟かせ　雹《ひょう》がつぶてとなりて降り
大雨しのつくそのときに
観音力を念ずれば
時に応じて　晴れぬべし

羅刹…人の肉を食う凶暴な悪鬼。のちに仏教に入り、羅刹天とされる。

写真／野本暉房「リンドウ」

或《わく》遇《ぐう》惡《あく》羅《らー》刹《せつ》 毒《どく》龍《りゅう》諸《しょー》鬼《きー》等《とう》
念《ねん》彼《びー》觀《かん》音《のん》力《りき》 時《じー》悉《しっ》不《ぷー》敢《かん》害《がい》
若《にゃく》惡《あく》獣《じゅう》圍《いー》繞《にょう》 利《りー》牙《げー》爪《そう》可《かー》怖《ふー》
念《ねん》彼《びー》觀《かん》音《のん》力《りき》 疾《しっ》走《そう》無《むー》邊《へん》方《ぽう》
蚖《がん》蛇《じゃー》及《ぎゅう》蝮《ふっ》蠍《かつ》 気《けー》毒《どく》煙《えん》火《かー》燃《ねん》
念《ねん》彼《びー》觀《かん》音《のん》力《りき》 尋《じん》聲《しょう》自《じー》回《えー》去《こー》
雲《うん》雷《らい》鼓《くー》掣《せい》電《でん》 降《ごう》雹《ばく》澍《じゅー》大《だい》雨《うー》
念《ねん》彼《びー》觀《かん》音《のん》力《りき》 應《おう》時《じー》得《とく》消《しょう》散《さん》

すでに説きたるごとくにて
災難重なり行き詰まり
進退極まるそのときに
仏に等しき智力もて
その苦海《くかい》から救うべし

神通力《じんずうりき》を身にそなえ
広く修《おさ》めし智慧をもて
方便力を駆使してぞ
生きとし生けるものの住む
あらゆる処へ駆けつけけん

衆《しゅー》生《じょう》被《ひー》困《こん》厄《にゃく》
無《むー》量《りょう》苦《くー》逼《ひっ》身《しん》
觀《かん》音《のん》妙《みょう》智《ちー》力《りき》
能《のう》救《ぐー》世《せー》間《けん》苦《くー》

具《ぐー》足《そく》神《じん》通《ずう》力《りき》
廣《こー》修《しゅう》智《ちー》方《ほう》便《べん》
十《じっ》方《ぽう》諸《しょー》國《こく》土《どー》
無《むー》刹《せつ》不《ふー》現《げん》身《しん》

苦海…苦しみの絶えない人間界を、海にたとえていう語。苦界。
神通力…人間の思慮でははかれない、不思議な霊妙自在の力。仏菩薩の衆生を救済するはたらきをいう。どこでも到達できる「神足通」、見分けることができる「天眼通」、音や声を聞き分けられる「天耳通」、他人の心を知る「他心通」、自分と他人の過去や世の状態を知る「宿命通」、煩悩のけがれがなくなったことを確認する「漏尽通」。

写真／野本暉房「辛夷の里」

生老病死《しょうろうびょうし》の人の世は　言うまでもなく
悪業の報いの地獄・餓鬼・畜生
あらゆる苦悩洩れずして
次第にすべてを滅せしむ

真実にして濁りなき　宇宙のごとく広大の
智慧に基づき　愍《あわ》れみと　慈しみとの
五つなる観にあふれるこの菩薩を
倦《う》まず弛《たゆ》まず休みなく
常に仰ぎて願うべし

種《しゅー》種《じゅー》諸《しょー》悪《あく》趣《しゅー》
地《じー》獄《ごく》鬼《きー》畜《ちく》生《しょう》
生《しょう》老《ろう》病《びょう》死《しー》苦《くー》
以《いー》漸《ぜん》悉《しつ》令《りょう》滅《めつ》

眞《しん》觀《かん》清《しょう》浄《じょう》觀《かん》
廣《こう》大《だい》智《ちー》慧《えー》觀《かん》
悲《ひー》觀《かん》及《ぎゅう》慈《じー》觀《かん》
常《じょう》願《がん》常《じょう》瞻《せん》仰《ごう》

生老病死…生まれること、年をとること、病気をすること、死ぬこと。
人としてまぬがれない四つの苦しみ。四苦。

五つなる観…眞観　清浄観　廣大智慧観　悲観　慈観

写真／桝野正博「蓮」

観音菩薩の清らなる光は
あたかも太陽のごとく　無数の闇やぶり
よく災《わざわ》いの風も火もおさめて
あまねく世を照らす

愍《あわ》れみゆえの戒《いま》しめは　雷震《いかづち》うごとくにて
慈心あふれて　おおいなる
雲とふくらみ　干天《かんてん》の　甘露《かんろ》の雨と降り注ぎ
煩悩《ほんのう》の焔《ほのお》　鎮めたもう

裁きの庭に引き出され
あるいは戦さの中にても
観音力を念ずれば
怨敵《おんてき》はすべてきえ散らん

怨敵…深いうらみのある敵。かたき。

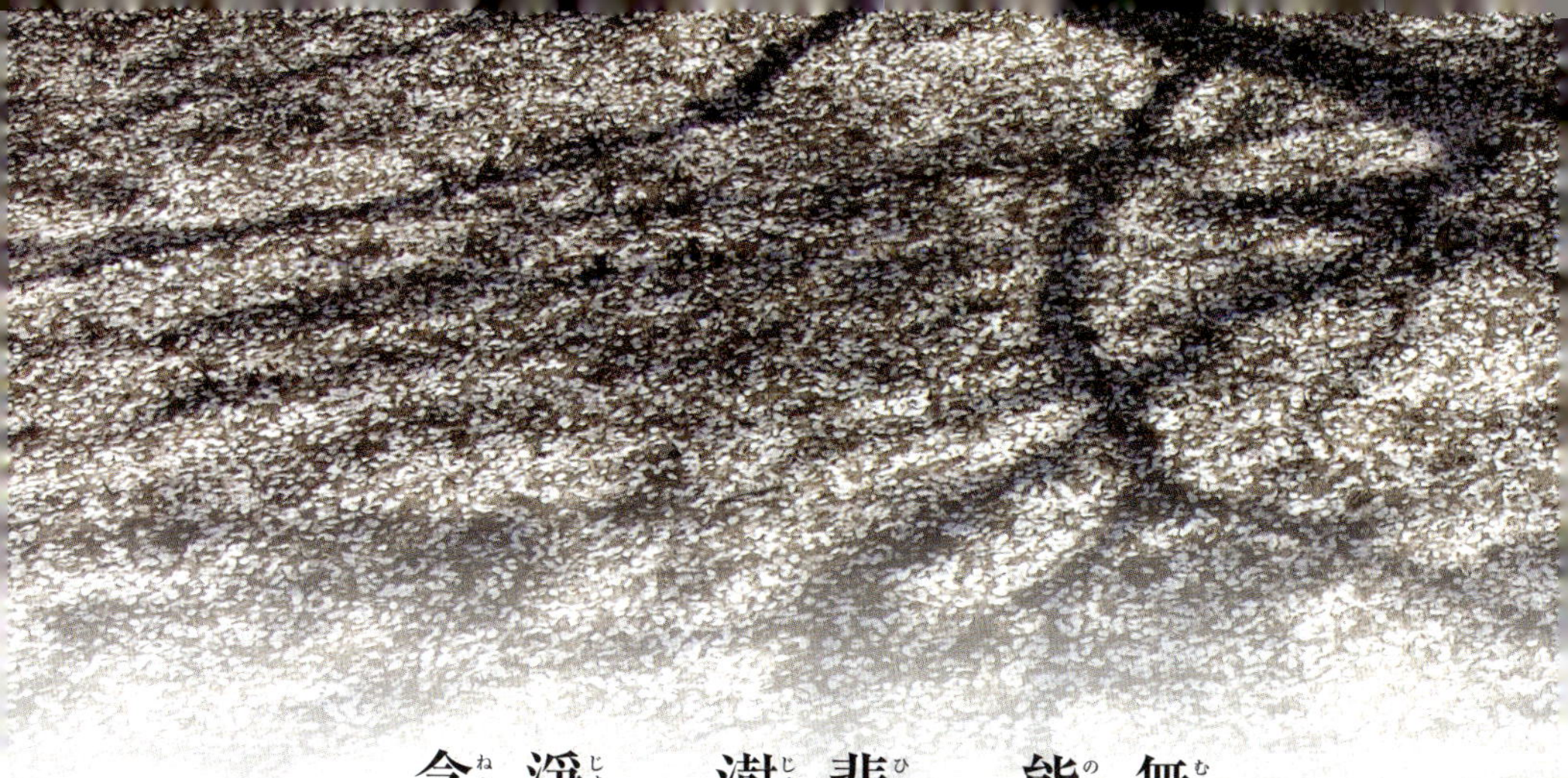

無《むー》垢《くー》清《しょう》浄《じょう》光《こう》　慧《えー》日《にち》破《はー》諸《しょー》闇《あん》
能《のう》伏《ぶく》災《さい》風《ふう》火《かー》　普《ふー》明《みょう》照《しょう》世《せー》間《けん》
悲《ひー》體《たい》戒《かい》雷《らい》震《しん》　慈《じー》意《いー》妙《みょう》大《だい》雲《うん》
澍《じゅー》甘《かん》露《ろー》法《ほう》雨《うー》　滅《めつ》除《じょー》煩《ぼん》悩《のう》焔《えん》
淨《じょう》訟《しょう》經《きょう》官《かん》處《じょー》　怖《ふー》畏《いー》軍《ぐん》陣《じん》中《ちゅう》
念《ねん》彼《びー》觀《かん》音《のん》力《りき》　衆《しゅー》怨《おん》悉《しっ》退《たい》散《さん》

写真／野本暉房「明日香・落花」

妙なることばよ　観世音
またたゆみなき潮騒の響きのごとき清き音
観世音なるこの響き
いかなる音にも勝れたり
それゆえにこそ　すべからく
絶ゆることなく念ずべし

妙《みょう》音《おん》観《かん》世《ぜー》音《おん》
梵《ぼん》音《のん》海《かい》潮《ちょう》音《おん》
勝《しょう》彼《ひー》世《せー》間《けん》音《のん》
是《ぜー》故《こー》須《しゅー》常《じょう》念《ねん》

写真／AMA「琵琶湖の夕ぐれ」 慈母観音／日本美術研究所

観音菩薩は仏《ほとけ》にて
いかなる苦悩にあろうとも
いよいよ死ぬるその時も
ついの怙《たの》みの綱となる
ゆめゆめ疑うことなかれ

あらゆる功徳《くどく》を身に具え
慈しみ深き眼《まなこ》もて　我らを　常にみそなわす
海のごとくに涯てしなき　幸をもたらす観世音
この故をもて頂くべし
この故にこそ礼すべし

功徳…よい果報を得られるような善行。神仏の恵み。御利益。

念《ねん》念《ねん》勿《もっ》生《しょう》疑《ぎー》
觀《かん》世《ぜー》音《おん》浄《じょう》聖《しょう》
於《おー》苦《くー》悩《のう》死《しー》厄《やく》
能《のう》爲《いー》作《さー》依《えー》怙《こー》

具《ぐー》一《いっ》切《さい》功《くー》徳《どく》
慈《じー》眼《げん》視《じー》衆《しゅー》生《じょう》
福《ふく》聚《じゅー》海《かい》無《むー》量《りょう》
是《ぜー》故《こー》應《おう》頂《ちょう》禮《らい》

写真／野本暉房「落日・二上山」

こうしてお釈迦さまが無尽意菩薩の質問に、もう一度、答え終わられると、聴衆のなかにおられた地蔵菩薩（お地蔵さま）が、さっと立ち上がり、お釈迦さまの前に進み出て、次のように言いました。

「世にも尊いお方よ。この自由自在にありとあらゆる処に現れて神通力をもってあらゆる苦しみを救いたもう観世音菩薩の物語を聞く人は、その功徳によって、必ず苦しみから解き放たれるでしょう」と。

お地蔵さまが、無数の聴衆の感動と讃嘆を代弁したのでした。

爾《にー》時《じー》持《じー》地《じー》菩《ぼー》薩《さー》即《そく》従《じゅう》座《ざー》起《きー》　前《ぜん》白《びゃく》佛《ぶつ》言《ごん》　世《せー》尊《そん》　若《にゃく》有《うー》衆《しゅー》生《じょう》

聞《もん》是《ぜー》観《かん》世《ぜー》音《おん》菩《ぼー》薩《さー》品《ほん》　自《じー》在《ざい》之《しー》業《ごー》　普《ふー》門《もん》示《じー》現《げん》　神《じん》通《ずう》力《りき》者《しゃー》

當《とう》知《ちー》是《ぜー》人《にん》功《くー》徳《どく》不《ふー》少《しょう》　佛《ぶっ》説《せつ》是《ぜー》普《ふー》門《もん》品《ぼん》時《じー》　衆《しゅー》中《ちゅう》

八《はち》萬《まん》四《しー》千《せん》衆《しゅー》生《じょう》　皆《かい》發《ほつ》無《むー》等《とう》等《どう》　阿《あー》耨《のく》多《たー》羅《らー》三《さん》藐《みゃく》三《さん》菩《ぼー》提《だい》心《しん》

写真／飛鳥園「蓮華王院・三十三間堂・京都」

観音経のこころ

お釈迦さまの教えがお弟子たちだけのものになりかけていたとき、お釈迦さまの真意に立ち返ろうとする*大乗《だいじょう》仏教運動がインドで起きました。観音経の母胎となる法華経は、その大乗仏教を代表するお経の一つです。従ってその当時の人々の苦悩に対応して説かれています。

観音菩薩の深いお慈悲の心から「いつ、いかなる場合にも」と一言ですませず、その時代の人々が直面する多くの苦悩を、一つひとつ丹念に例をあげて説かれています。現代なら、いじめ、幼児虐待、家庭内暴力、リストラ、ホームレス、孤独死などをはじめとする多くの問題が書き上げられなければなりません。社会状況は大きく変っていますが、根底にある人間の苦悩はそう変らないと思われます。

また「誰一人ももらさず」と一言ですませず、人間だけでなくありとあらゆる存在を列挙してその同じ姿となって同悲してくださる。

いま再び新たな光を放っている*金子みすゞの詩の世界からも、身近かでささやかな事柄のなかに、仏さまの広大無辺なお慈悲が感じられます。そこには人間だけでなく、魚、鳥、犬、蜂やトンボなどの小動物、美しいバラから名もない野原の草にいたる植物、土、石ころなどの鉱物、雨、風、雪などの自然現象までが、深い心で詠《よ》まれています。

ことに、「さびしいとき」という詩では「私がさびしいときに　仏さまはさびしいの」と結んでいます。むやみに励ますのではなく、常に寄り添って同悲同苦してくださるみ仏のお慈悲が、自身の体験として語られています。

宮沢賢治の多くの優れた作品も同じ感懐《かんかい》を与えてくれます。とくに遺品のノートに書き付けられた「雨ニモ負ケズ」は、法華経に学び、実践し、若くして思い半ばで病いに倒れた賢治の、最後の観音菩薩行の現れではなかったでしょうか。「東ニ病気ノコドモアレバ・・・」と死の床にあって東西南北の苦しむ人々に思いを馳せ続けていたのです。

観音経は、無事のときには読み過ごしても、困難の渦中にあるときに同じ境遇の文章に出あったら、その人には大きな励ましになるでしょう。そういう濃《こま》やかな心配りが観音経の大半です。また無事のとき、常に親しんで身についていればこそ、まさかのときに胸に浮かぶ。あるいは口をついて迸《ほとばし》り出ましょう。そうすれば独り行き詰まって短慮《たんりょ》に走らずに済みましょう。

観音は観世音菩薩の略、文字の意味は「世間の音を観る菩薩」です。音は聞き、観るのは目です。しかし人が本当に苦しいのは声にも出せない時です。その声にならない世間の人々の悲痛な心の呻《うめ》きを「観」てくださるのが観音菩薩です。

それほどに深い慈悲ゆえに、苦悩する人が、「観音の名を聞き、その姿をしっかりと心に念じて空しく過ぎることがなければ、必ずその苦しみから救う。それゆえに観音という」と*偈文《げもん》は答えています。

般若心経の「観自在菩薩」は「観世音菩薩」と原語は同じです。般若心経には観自在菩薩が悟りを得られたことと、その悟りの内容が説かれています。その悟りから溢れ出る慈悲の実践行が書かれているのが観音経です。従ってこの二つのお経は実に一対を成しています。

ところで知識のみが進んでしまった今日、いったいどれほどの人が観音経に頷《うなず》くことができるでしょうか。観音経に書かれている諸々の苦悩の解消は、字面だけを読めば、奇蹟の羅列で、簡単には信じがたい内容かもしれません。

けれどどうか心を澄ませて行間、*紙背に溢れる観音さまの声を聞いてください。これまで無数の人々を救い続けてこられた観音さまが、あなたを洩らすはずがありません。

＊大乗仏教運動…個人の解脱や利益を主な目的とする上座部仏教の思想に反発して起こった運動。他人を救うことを旨とした新しい考えこそ「大きく優れた乗り物」であるとしたことから、大乗仏教と呼んだ。
＊金子みすゞ…１９０３年、現在の山口県長門市生まれ。大正時代末期の女流童謡詩人。童謡を書きはじめてわずか三年で文壇に認められ「若き童謡詩人の中の巨星」と賞賛される。現在ではその詩は小学校の教科書に採用されている。
＊偈文…経文の精髄を詩の形式で表したもの。
＊紙背…文字には表されていない、文の裏の意味。

観音巡礼

Kannon Junrei

観音の聖地をゆく

太古から聖地であった場所は、いつ、いかなる時代にあっても変わることなく、多くの人々の巡礼《じゅんれい》の地とされてきた。そこは天文観測の場、太陽が昇る儀礼の場、聖なる巨石や磐座《いわくら》のある場所などであり、さらにいえば、夢見の場所となり、異次元へとつながる境界となる。

日本に仏教が伝わり、日本の風土のなかへと溶け込んでいくとき、その聖地に現れたのが観音菩薩である。

観音霊場《かんのんれいじょう》は聖地の目印となり、真理の光を求め、観じる、観音巡礼へと旅立つ。

写真／木村芳文

太陽の女神と一つになった観音

古代、飛鳥《あすか》の地にヤマト王国が栄えた。王国の*鬼門《きもん》にあたる北東の方向には、王族の*祖神《そしん》アマテラスを祀る三輪山《みわやま》がある。あるとき、国王はその三輪山からはるか東に、太陽の神を祭るにふさわしい新たな聖地を定めた。伊勢《いせ》である。

しばらくして人々の前に外来の神が姿を現す。*木簡《もっかん》に書かれた経典《きょうてん》には真理を語る文字がつづられ、神聖な存在が像《かたち》となって語りかけてくる。未知の文明と深遠な智慧《ちえ》に触れた人々は、金色に輝く仏に祈りはじめる。

飛鳥の三輪山から伊勢へと真東にのびる聖なる直線。その直線上に、古代からの聖なる場所が点在する。そこに仏の智慧と法力が宿りはじめたとき、立ち現れたのが観音であった。

＊鬼門…陰陽道などで、鬼が出入りするとされる不吉な方角。艮《うしとら》（北東）の方角。
＊祖神…一族の先祖の霊をまつった神。氏神。
＊木簡…文字を書きしるすために用いた細長い木の札。

観音の夢

写真／野本暉房

大和 長谷寺

● はせでら

こもりくの観音の里

飛鳥の京《みやこ》から伊勢へと向う伊勢街道、その入り口となる初瀬《はせ》の山あいに長谷寺はある。

古代、天照大神に仕える巫女の*斎王は、伊勢の斎宮に赴く前に、神聖な資格を得るため、数年の歳月を泊瀬の地に籠《こも》った。のちに「こもりく」とよばれる所以となっていく。

平安時代になっては、貴族の女房たちによる長谷寺参りが盛んになる。源氏物語の紫式部や枕草子の清少納言、蜻蛉《かげろう》日記の道綱母も、平安の都から三日がかりで長谷寺に*参籠《さんろう》し、長谷の観音さまへの篤い祈りを書き綴っている。美しい山里にある観音の寺は、平安貴族婦人たちにとって、極楽浄土ともいえる聖なる場所となる。

長谷寺の観音さまの霊験は、中国、朝鮮にまで知れ渡っていた。中国・唐の皇帝の妃の一人であった馬頭《めず》夫人は、より美しくなりたいと長

＊斎王 … 天皇に代わって伊勢神宮の天照大神に仕えた人のこと。
未婚の内王、あるいは女王の中から占いで選ばれた。斎宮は斎王の御所。

＊参籠 … 神社・寺院などに一定の期間籠って祈願すること。おこもり。

若き僧侶の修行道場となっている朝の勤めの風景

四季折々の美しさに、花の長谷寺ともいわれている

■豊山《ぶざん》　長谷寺《はせでら》　　奈良県桜井市初瀬731-1

谷寺の観音さまに願をかけ、見事、絶世の美女となって皇帝の寵愛を受けるようになる。そのお礼に中国から贈られたのが、いまでも花の長谷寺で有名な牡丹の株であるという。

長谷寺は、道明《どうみょう》上人によって七世紀ごろ開かれた。その後、弟子の徳道《とくどう》上人のもとに、琵琶湖の湖北から流れ着いた霊木が運ばれた。

上人は、神のお告げにより、その霊木から十一面観音像を彫り現し、泊瀬の山の磐石座の上に安置した。それが現在の長谷寺の本堂の場となり、観音霊場のはじまりとなる。

あるとき、徳道上人は昏睡状態に陥り、あの世で*閻魔《えんま》さまより観音信仰の使命を授かった。

この世に戻ったとき、その証となる宝珠を手にしていた。その宝珠を摂津《せっつ》の中山寺に保管し、観音霊場を巡る旅に出る。それがもとになって西国観音巡礼が誕生した。

その当時はまだ観音巡礼は一般化しなかったが、平安時代になって花山法皇によって復興される。

*閻魔 … 地獄を守護する天部。人間の死後に善悪を裁く者。

優美な姿で有名な五重塔（国宝）とシャクナゲの花

写真／野本暉房

室生寺

● むろうじ

太陽神と水神《すいじん》の聖地

奈良の京から伊勢へと向う伊勢街道、その途中の室生《むろう》の山間に*女人高野《にょにんこうや》として知られる室生寺がある。室生寺のある室生山は太古の時代からの水神の坐《いま》す地であった。室生寺から一キロほど行った川沿いに龍穴があり龍神が祀られている。そこで雨乞いの祈祷が行なわれ、その霊験は世に知られるものであった。

もともと*修験道の本拠地であった室生では、水神を祀るとともに太陽神が信仰され、自然信仰の中心的な聖地として崇められてきた。

桓武天皇が皇子のころ病に倒れたとき、病の平癒祈願が室生の地で行なわれ、その功績から神宮寺として室生山寺が建立される。

室生山を中心にした周辺の山々は、まるで蓮の華のつぼみのような曼荼羅《まんだら》を想わせる地形となっている。その中心地となる室生寺の伽藍には、有名な国宝十一面観音にみるように各時代の優れた仏像、仏画、仏具などが納められている。

■宀一山《べんいちさん》　室生寺《むろうじ》　奈良県宇陀市室生区室生78

＊女人高野 … 室生寺の異名。高野山など、明治初年まで女人禁制であった寺に対して、女子の参拝・修行が許されていたことからいう。

＊修験道…日本古来の山岳信仰が、外来の密教や道教や儒教などの影響を受けたもの。山へ籠って厳しい修行を行い、霊験を感得する事を目的とする。

大神神社《おおみわじんじゃ》

三輪山《みわやま》

聖林寺《しょうりんじ》

檜原神社《ひばらじんじゃ》

古代聖地の観音

奈良の桜井にある三輪山《みわやま》は、古代から神の山として崇められてきた。その西麓に大神《おおみわ》神社がある。その大神神社の北にある摂社の檜原《ひばら》神社に皇祖神である天照大神がはじめて祀られた。

明治政府が「*神仏分離令《しんぶつぶんりれい》」を発令するまでは、「*神仏習合《しんぶつしゅうごう》」であり神も仏も同じ場所に祀られ、寺と神社を区別するものはなかった。

大神神社の神宮寺（大御輪寺《おおみわでら》）には、観音菩薩が本尊として祀られていたが、明治の廃仏毀釈《はいぶつきしゃく》で、神宮寺は廃寺となり、本尊の十一面観音像も打ち棄てられた。

元神宮寺の観音像を見つけたのが、明治時代に来日したアメリカ人美術研究家のフェノロサであった。フェノロサは三輪山から吉野へと向かう山の古刹《こさつ》に観音像を隠すように自らの手で運んだ。それが人々を魅了してやまない聖林寺《しょうりんじ》の国宝十一面観音像である。

■大神神社《おおみわじんじゃ》　奈良県桜井市三輪１４２２

＊神仏分離令…古代以来の神仏習合を禁じた命令。明治元年、明治政府によって発令。これにより全国に廃仏毀釈運動が起こり、各地の寺院や仏像などの破壊が行なわれた。

＊神仏習合…日本古来の神と外来宗教である仏教とを結びつけた信仰。奈良時代から寺院に神が祀られたり、神社に神宮寺が建てられたりした。

十一面観音《じゅういちめんかんのん》

梵字の読み：「キャ」
真言：オン マカ キャロニキャ ソワカ

十一面の観音を頭上に現す観音。サンスクリット語ではエカーダシャムクハ「11の顔をもつもの」の意味となる。観音菩薩の変化身の一つ、六観音《ろくかんのん》では修羅界《しゅらかい》に対応する。十一面というのは、あらゆる方向に顔を向け救済するという意味で、正面三面の慈悲相《じひそう》、左三面の威怒相《いぬそう》、右三面の牙を上に出す相、後一面の大笑相《たいしょうそう》、頂上の一面は仏相となっている。十一面観音を念ずれば、十種類の現世利益《げんぜりやく》と、四種類の来世の果報《かほう》がもたらされるとする。

●六観音と七観音とは

『摩訶止観《まかしかん》』という論書のなかで、六道《ろくどう》（地獄・餓鬼・畜生・修羅・人・天）を輪廻しながら苦しんでいる人々を、各界の輪廻から救い出してくれる六つの観音が説かれている。その中で人間界に対応する観音が、宗派により准胝観音《じゅんていかんのん》と不空羂索観音《ふくうけんじゃくかんのん》の違いがあり、両方の観音菩薩をともに入れて七観音としている。

六道《ろくどう》に対応する七観音《しちかんのん》は、地獄界《じごくかい》＝聖観音《しょうかんのん》、餓鬼界《がきかい》＝千手観音《せんじゅかんのん》、畜生界《ちくしょうかい》＝馬頭観音《ばとうかんのん》、修羅界《しゅらかい》＝十一面観音《じゅういちめんかんのん》、人間界《にんげんかい》＝准胝観音《じゅんていかんのん》、不空羂索観音《ふくうけんじゃくかんのん》、天上界《てんじょうかい》＝如意輪観音《にょいりんかんのん》となる。

国宝・十一面観音立像（奈良時代）　奈良・聖林寺

第一回の国宝指定仏像。天平時代を代表する、もっとも美しい十一面観音像として知られている。大神神社の神宮寺、三輪山・大御輪寺（おおみわでら）の元の本尊。七六二～七六九年の間に東大寺の造仏所で造像される。古代大和王権の中心地に祀られた観音菩薩像として注目される。木心乾漆（もくしんかんしつ）、像高約209cm。

仏像写真／飛鳥園

高僧にたずねる　観音巡礼とは

真言宗豊山派 総本山長谷寺・教務執事　喜多昭賢

いっとき観音巡礼《かんのんじゅんれい》がブームになって、大勢の人が長谷寺を訪れました。みなさん忙しいスケジュールでの旅だったのでしょう。慌ただしく参詣し、なかにはゴミを散らかしたまま帰る人もいたぐらいです。

忙しい日常生活、競争の激しいビジネス社会にいると、心にゆとりというものがなくなってきます。よく考えると本当に急ぐ必要があるのか、ただ周りに合わせているだけではないか、忙しいのが何か良いような錯覚に翻弄されているだけではないのかと思うことがあります。

食べ物にしても、インスタントで何でも簡単に美味しく食べることができる時代になって、便利なのは大変結構ですが、本来、料理をしたり掃除をするということは、自分のための大切な時間を持つということなのです。

そんなお忙しい方に、よく*写経《しゃきょう》をお勧めしています。写経する時間はある意味、まったく無駄な時間かもしれません。しかし無駄とも思えるこの時間が大切なのですね。自分と向き合い、自分を見つめる時間を持つことは、健康な心を保つのにとても必要なことなのです。

観音さまに巡礼するということも同じことです。長い石段を一歩一歩あえぎながら登っていく、やっとたどり着いたところに「よう来たな」と、観音さまがやさしく微笑んで受け入れてくださる。自然と「感謝」の気持ちが湧いてきます。

とくにご夫婦での巡礼がよろしいと思います。ふだん手をつなぐことがなくても、自然と相手に手を差し伸べて、ともに歩むことができる。そこでは見ず知らずの人とも会話が弾んだりもします。心にゆとりができて、人にやさしくできるということは幸せなことです。

巡礼、即ご利益、などと考える人もいるようですが、そのようなことはありません。観音さまの前で、最初は小声でお経を唱えていた方も、巡礼を重ねるごとにしっかり大きな声になります。観音さまに祈願するというのは、自分と向き合うことなのです。

仏像は人の手によって作られたものですが、そこから聞こえてくる声、たたえるやさしい面差しは、実は自分の心を映す鏡のようなものなのです。

ゆとりあるやさしい心で観音さまと向き合う。古来より日本にある観音巡礼は、幸せに生きるための知恵であり、ありがたいと素直に思えるその心が、観音さまのご利益なのです。

＊写経…経文を書写すること。また、書写された経文。そもそもは経典を広めるために行われたが、のちには功徳のある行為とされ、供養や祈願のために行なわれるようになった。

山のヒメ神と一つになった観音

飛鳥のヤマト王国の政治が乱れ、遠く日本海に面する*越国《こしのくに》から新たな王が迎えられることになった。越国の王はヤマト国の大王となり、のちに継体《けいたい》天皇として知られるようになる。

新しい大王は善く国を治めた。越国と近江《おうみ》、飛鳥が一つとなって、さらにヤマト王権は勢力を広げていく。日本に仏教が伝わりはじまるのもそのころからとなる。

しばらくして、同じ越国に一人の僧が誕生する。白山の頂《いただき》で十一面観音を*感得《かんとく》した*泰澄《たいちょう》である。神聖な白山を開いた泰澄によって、太古のヒメ神と渡来《とらい》の観音菩薩が一つになり、日本古来の信仰に新たな時代が訪れる。東方の海に浮かぶ蓬萊山《ほうらいさん》。神の棲まう聖なる地に、新たな王国と信仰が生まれた。

＊越国…現在の北陸地方ほぼ全域を指す。古代においては独自な文化圏を発展させ、6世紀の継体天皇のころヤマト政権と合一。7世紀後半には、越前国、越中国、越後国に分割された。
＊感得…深遠な道理や真理を感じ、さとること。神仏に信心が通じ、望みがかなえられること。
＊泰澄…白鳳時代から奈良時代にかけての修験僧。越国麻生津出身。観音菩薩を感得し白山を開山する。民間信仰を広げ、「越の大徳」と称された。

観音降臨　越国

白山信仰 ● はくさんしんこう

写真／桝野正博

ヒメ神信仰と観音菩薩

白山《はくさん》とは、福井県と石川県、岐阜県の境にまたがる「白山連峰《はくさんれんぽう》」を指す。白山の高峰に坐す白山ヒメは、初めは*イザナミであったが、のちに*菊理媛神《くくりひめがみ》といわれるようになる。

イザナミが黄泉《よみ》の国に向ったように、古来より死者の魂は山に帰っていくとされる。死と再生のサイクルのなかに存在するのが神であり、白山には古代から神霊《しんれい》が棲まうとされてきた。そして白山からは命の源となる水が生まれ、白山ヒメは生命を育む水の神となっていく。水は生命そのものとして、延命祈願の対象にもなっていく。

山岳信仰は白山にはじまると言われるほど、東北地方から九州まで全国に白山信仰の広がりを見ることができる。その白山信仰の開祖といえるのが泰澄《たいちょう》であり、泰澄が白山の頂《いただき》で観音菩薩を感得《かんとく》したことから、観音信仰の新たな歴史の幕が上がることになる。

■白山比咩神社《しらやまひめじんじゃ》　本宮　石川県白山市三宮町二105

＊イザナミ…日本神話の女神。イザナギの妻、または妹といわれる。別名を黄泉津大神、道敷大神。
また、（イザ）ナミ「波」と解して（イザ）ナギ「凪」と対の神名であるとする説も。

泰澄が女神と出会った、平泉寺の御手洗池

白山は、最高峰である御前峰(標高2702m)、剣ヶ峰(2677m)、大汝峰(2684m)の白山三峰を中心する山峰からなり、2000m超級の高山として最西端の山となる。山頂には白山比咩神社の奥宮がある

平泉寺

● へいせんじ

越国、白山信仰の拠点

越知山《おちさん》で修行する若き泰澄の目には、常に遠く白山の白峰が遠くに見えていた。あるとき、夢に女神が現れ、白山に向うよう告げられる。白山へ向かう旅の道中、「林泉《りんせん》」と言われる平泉寺の御手洗池《みたらいいけ》に立ち寄るようさらにお告げがあった。林泉の淵で一心に祈念すると、池の中から女神が現れ、「自分こそが白山の神であり、白山の頂で真実の姿を現す」と告げると、すぐに姿を消してしまったという。

越前側の白山信仰の本拠地であった平泉寺は、中世の最盛期には、四十八社、三十六堂、六千の坊舎を数え、寺領《じりょう》九万石を擁《よう》する日本一の「法師大名」と言われるようになる。しかし現在では完全に衰退し、当時の姿は遺跡となっていまに残る。

■平泉寺《へいせんじ》(白山神社《はくさんじんじゃ》)　福井県勝山市平泉寺町平泉寺

＊菊理媛神…別名を白山比咩神(はくさんひめがみ)。加賀の白山や全国の白山神社にイザナギとイザナミとともに祀られている。神名の「ククリ」は「括り」の意で、イザナギとイザナミの仲を取り持ったとの説話から「縁結びの神」と解釈される。

大谷寺

おおたんじ

泰澄のふるさと、越知山

泰澄が登場する奈良時代、仏教による国家づくりがはじまる。ヤマト朝廷によって、インド、中国、朝鮮半島から多くの僧侶が招かれ、戒律による仏教思想の本格的な導入が進められる。その一方、越前に修行僧の泰澄が現れる。泰澄は、日本古来の山の神に観音菩薩を観じ、*本地垂迹《ほんじすいじゃく》と言われる日本独自の信仰をかたちにしていく。

泰澄は「越《こし》の大徳《だいとこ》」と呼ばれ、白鳳二十二年(六八二)に誕生した。越知山《おちさん》の大谷寺《おおたんじ》は、泰澄の最初の修行場とされている。最初に観音菩薩を感得したのが十四歳の時といわれ、それから観音に導かれて行を積み、白山を開山する。

泰澄の霊験は大和の京にまで知られるようになった。天皇の病を平癒させ、その功により神融禅師《しんゆうぜんし》の号を授かり天皇の*護持僧となる。さらに十一面法にて当時大流行した疱瘡《ほうそう》を終息させ、その功により泰澄の名は聖武天皇から贈られたといわれる。

七十七歳となった晩年に越知山大谷寺に再びもどり、遷化《せんげ》するまでこの地を離れることはなかった。大谷寺は平安のころには十一院三十坊が谷間を埋め、山伏や修行者でひしめいていたというが、現在では大谷寺の大長院だけが遺るだけとなっている。

白山と越知山は、泰澄によって広大な白山信仰の両界曼荼羅《りょうかいまんだら》を形成している。

■越知山《おちさん》　大谷寺《おおたんじ》・大長院《たいちょういん》
福井県丹生郡越前町大谷寺42−4−1

大谷寺・大長院には、泰澄大師の墓といわれる御廟がある

＊本地垂迹…神仏習合思想の一つ。日本の神々は、さまざまな仏が化身として日本の地に現れた権現であるという考え。「垂迹」とは神仏が現れることをいう。

＊護持僧…祈祷を行う僧。清涼殿のに侍して天皇護持のために勤行する。正式には桓武天皇のときに始まり、東寺・　延暦寺・園城寺の高僧に限られていた。

泰澄作と伝えられる越知山三所大権現。白山三尊と同じ、中央の本尊は十一面観音菩薩、脇侍は聖観音（写真向って右）と阿弥陀如来（写真向って左）となる

越知山・平成曼荼羅図。蓮糸で再現された曼荼羅図

泰澄大師本尊感得図《たいちょうだいしほんぞんかんとくず》。蓮糸曼荼羅ともよばれ、蓮で糸を紡ぎ織られたものといわれる

大谷寺・大長院(おおたんじ・たいちょういん)には、泰澄大師にまつわる貴重な仏像や仏画が数多く遺されている。大谷寺の隆盛時に多数あった寺院の本尊などが納められ、かつての信仰の篤さを窺うことができる。廃仏毀釈(はいぶつきしゃく)の嵐の最中も、仏像を箱詰めにして守るなど、これらは村人たちの篤い信仰心によってかろうじて難を逃れ、現在にまで遺されている。

聖観音《しょうかんのん》

梵字の読み：「サ」

真言：オン アロリキャ ソワカ

聖観音は、サンスクリット語のアヴァロキテシバラにあたる、観音菩薩の総体としての呼び名。六観音では地獄界《じごくかい》に対応する観音菩薩である。

観音像にはさまざまな形態のものがあるが、このうち一面二臂《いちめんにひ》(一つの顔と二本の腕)といった人間そのままの姿をしている。さまざまな姿に変化する十一面観音や千手観音などの変化観音と区別するため、変化しない本来の観音という意味で聖観音《しょうかんのん》または正観音《しょうかんのん》ともいう。多くの場合、未開敷《みかいふ》の蓮華《れんげ》を左手に持ち、右手をその花弁を開く姿で表される。

●真言（マントラ）とは

いつわりのない真実の言葉。サンスクリット語のマントラ(mantra)の訳。密教で、仏・菩薩などの真実の言葉、またその働きを表す秘密の言葉をいう。明(みょう)・陀羅尼(だらに)・呪(じゅ)などともいう。祈祷(きとう)、祈願のときに唱えられる。

福通寺本堂から白山を望む

正観音菩薩立像(鎌倉時代)　福通寺　朝日観音

泰澄の修行地である越知山の近く、朝日山には泰澄の開基《かいき》とされる福通寺がある。寺伝では、朝日観音菩薩像とともに安置されている十一面千手観音菩薩立像のこの二躯は、同木にして泰澄の作と伝えられている。

■朝日山《あさひやま》　福通寺《ふくつうじ》　福井県丹生郡越前町朝日 7-61

名僧にたずねる　観音信仰とは

越知山大谷寺大長院・住職　西山良忍

泰澄大師《たいちょうだいし》が白山の頂上に立ったとき、白山の火口付近からは水煙りが立ち昇っていた。その水煙りはたちまち龍へと姿を変えた。それを見て泰澄大師は「いや、これは違う」と感じた。その瞬間、龍の姿は消え、ついに観音菩薩が姿を現した。

泰澄大師が白山で観音さまを感得された瞬間というのは、こんな感じだったのではないかと思います。観音さまが実態として現れる。視覚だけでなく聴覚や嗅覚、触覚といった六根《ろっこん》で観じること、それが感得するということです。

白山では太古よりヒメ神様が信仰されています。本地垂迹《ほんじすいじゃく》や*権現《ごんげん》などといいますが、どちらが神さまで、どちらが仏さまでということではなく、そこに神さま、観音さまがいらっしゃる、それを感得したからこそ信仰が生まれているのです。

仏像や仏画に向かって拝むことも同じで、見ることのできないものを見させていただけるわけで、たんなる偶像崇拝《ぐうぞうすうはい》ではありません。「霊木化現《れいぼくけげん》」という言葉があります。感得した仏の姿を霊木から彫り現すことを意味し、たとえば、かの有名な*円空《えんくう》は古木から仏を彫ったことで知られるなど、古代から日本人は自然のあらゆるものに神仏が宿るとします。ご神木というように、木には霊性があり、仏が在ることを感じれば、そこに仏は宿るのです。

観音さまを心から拝んでいると、実は観音さまもこちらに手を合わせ拝んでくれていることに気づきます。互いが互いを拝んでいる。自分が観音さまと一体となることで、観音さまもこちらを拝んでくださる。この観音さまの心を感じることが観音信仰であり、その心をいただける場所が霊場《れいじょう》なのです。

このような神仏を感じる心をもっている、親からいただいているということに、私たちは本当に感謝しなければなりません。たとえ子供がいない人でも、親は必ず二人います。両親のその親を数えると四人で、そのまた親というふうに一〇代遡ると一〇二四人の血のつながるご先祖が誰にでも必ずいるのです。多くのご先祖がいて、そのおかげで自分は生かされている。その感謝の心の先に観音さまがいらっしゃるのです。

観音さまは慈悲の力で私たちに智慧をくださいます。それは幸せに生きることの智慧です。明るい心で、人のために尽くす。尽くせば人は喜んでくれ、仲良くなります。私は「明るく、楽しく、仲良く」を実践することが、観音の信仰だと思います。

人が喜んでくれること、これが人生にとっての幸せというものなのです。

＊権現…「権」とは「臨時、仮」という意味で、仏が「仮に」神の形を取って「現れた」ことを示す。仏が衆生を救うために、神・人など仮の姿をもってこの世に現れること。また、その現れたもの。

＊円空…江戸前期の僧侶。関東・東北・北海道を行脚し布教した。その間、12万体の造像を彫ったといわれる。

仏教国の誕生と観音の道

大和に平城京が建設されると同時に、奈良盆地の北東の山裾に浮かび上がったのは、見たこともないほど巨大な大仏殿。聖武天皇によって仏教による国家建設の号令が発せられた。

東大寺の二月堂の修二会《しゅにえ》で有名なお水取りは、*若狭の遠敷《おにゅう》から地下水脈を通って大和にとどく香水《こうすい》を汲み上げ、観音さまへと捧げられる儀式である。

東大寺を開山した*良弁《ろうべん》の高弟である*実忠《じっちゅう》によりはじめられた修二会は、八世紀にはじまって以来、一度たりとも途絶えることなく執り行なわれている。

若狭の観音から大和の観音へ。

若狭から真南へと引かれる観音の道は、大和の東大寺へと向かい、さらに南下して三輪山へ、そして南の果ては熊野の那智山へと続く。

＊若狭…若狭国は現在の福井県南部で越国に入れられる。4世紀後半にはヤマト王権の一部であったともいわれる。

＊良弁…奈良時代の華厳僧。越国の若狭の出身で、渡来人の一族に生まれたともいわれる（一説では相模国とも）。東大寺を開山し、初代別当となる。

＊実忠…良弁の弟子として華厳を学ぶ。インドからの渡来僧ともいわれ、東大寺をはじめ数々の寺社の建造、奈良の大仏の造営に関わる。

観音の宴　大和

東大寺のお水取り

神々が集う観音の祭典

観音さまの祭事として、東大寺の「お水取り」で名高い二月堂の*修二会《しゅにえ》、またの名を十一面悔過会《けかえ》がある。東大寺を開山した良弁《ろうべん》の高弟、実忠《じっちゅう》によって大仏開眼の年（七五二）にはじめられた。修二会は、旧暦の二月の朔日《さくび》より二七《にしち》日（十四日間）に行なわれていた法会で、十一面悔過とは、人々が日常犯しているさまざまな過ちを、二月堂の本尊である十一面観音の前で懺悔《ざんげ》し、災難除去、国家の安泰を祈願する。

お水取りは、数ある修二会の儀礼の一つである。修二会がはじめられたころ、実忠が神名帳を奉読し、日本六十余州に鎮座する神々の名を読み上げた。それに応じて諸国の神々が競って二月堂に集まったが、若狭の遠敷明神《おにゅうみょうじん》だけが釣りに熱中して遅刻してしまう。

遠敷明神が遅れて来たお詫びに閼伽水《あかみず》を献納することを申し出ると、突然、白と黒の二羽の鵜《う》が磐《いわ》を割って飛び出し、そこから香水がこ

＊修二会…修二会は現在では３月１日〜14日の日程で行なわれる。15日が満行。修二会は、天平勝宝四年（752年）に始められたとされるが、戦乱や火災の時も、先の大戦中も、一度も途絶えることなく続いている。「不退の行法」とも呼ばれる。

若狭のお水送り

写真／野本暉房（2点とも）

んこんと湧き出てきた。そこで、その磐を囲って閼伽井《あかい》とした。現在では若狭井と呼ばれ、十二日の夜半に、ここの香水を汲んで十一面観音に供えられる。

東大寺のお水取りにならって、若狭ではお水送りの行事が行なわれている。

福井県の遠敷川《おにゅうがわ》に程近い若狭神宮寺で、東大寺二月堂の修二会と同じように儀式が執り行われ、大松明《おおたいまつ》が舞台を駆け抜け火の粉が舞う。次に境内の護摩壇《ごまだん》に火が入り祈祷が行なわれ、火が弱まったところで、見物人が各自手にもつ松明に火が移され、遠敷川沿いを二キロほど上流の鵜の瀬まで運ばれる。

漆黒の闇のなかを数千本の松明の炎が揺れる。やがて炎の行列は鵜の瀬に到着し、行者によって遠敷川に、若狭神宮寺の閼伽井から汲まれた香水《こうすい》が静かに注がれていく。

遠敷川の水は、地下水脈を通って奈良の東大寺にある若狭井まで届くのだと言い伝えられる。

■若狭神宮寺　福井県小浜市神宮寺 30-4

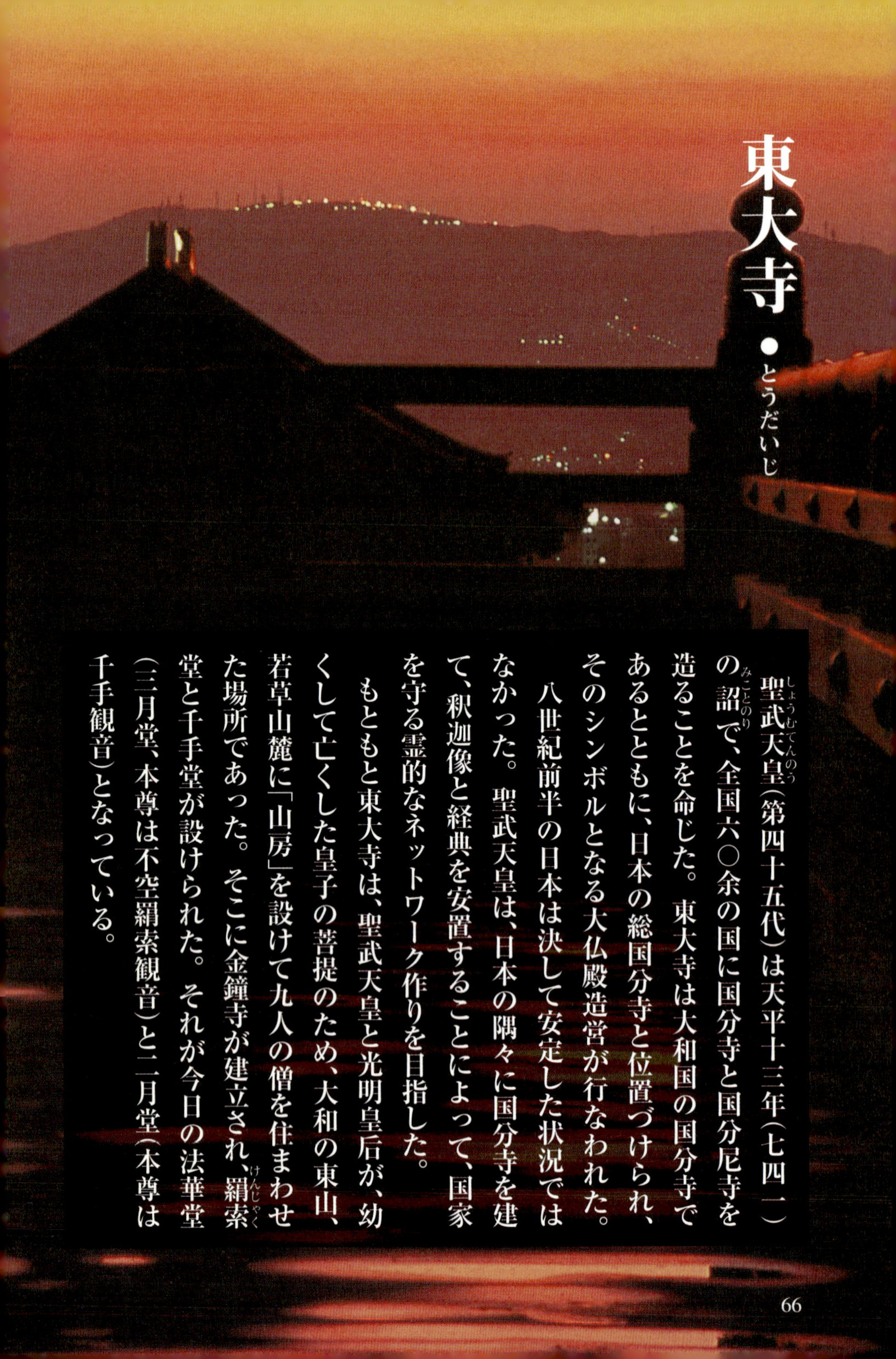

東大寺

●とうだいじ

聖武天皇《しょうむてんのう》（第四十五代）は天平十三年（七四一）の詔《みことのり》で、全国六〇余の国に国分寺と国分尼寺を造ることを命じた。東大寺は大和国の国分寺であるとともに、日本の総国分寺と位置づけられ、そのシンボルとなる大仏殿造営が行なわれた。八世紀前半の日本は決して安定した状況ではなかった。聖武天皇は、日本の隅々に国分寺を建て、釈迦像と経典を安置することによって、国家を守る霊的なネットワーク作りを目指した。

もともと東大寺は、聖武天皇と光明皇后が、幼くして亡くした皇子の菩提のため、大和の東山、若草山麓に「山房」を設けて九人の僧を住まわせた場所であった。そこに金鐘寺が建立され、羂索《けんじゃく》堂と千手堂が設けられた。それが今日の法華堂（三月堂、本尊は不空羂索観音）と二月堂（本尊は千手観音）となっている。

法華寺

●ほっけじ

観音がほほえむ花の尼寺

法華寺は、聖武天皇の后である光明皇后《こうみょうこうごう》ゆかりの寺として、また門跡尼寺《もんぜきにじ》(格式高い寺院)として知られ、別名「法華滅罪之寺《ほっけめつざいのてら》」という。法華寺はもとの藤原不比等の邸宅であり、不比等の没後、娘である光明皇后がこれを相続した。

法華寺の本尊は、十一面観音であり、像高約一メートルの比較的小さな像で、インドの仏師である問答師が光明皇后の姿を模して造像したとされている。彩色や金箔を施さず、髪、瞳、眉などに墨、唇に朱を塗り、木肌の美しさを生かした素木像で、その風貌やプロポーションはどこか女性的・異国的なものがある。

かつてインドのネール首相が娘のインディラ嬢を伴って、突然参詣に訪れたことで知られ、インドとの縁《えにし》を感じさせる。

写真／奈良市観光協会（2点とも）

■法華寺　奈良県奈良市法華寺町 882　■東大寺　奈良県奈良市雑司町 406-1

興福寺

● こうふくじ

貴族文化の栄華をみる古刹

藤原不比等《ふじわらふひと》は平城遷都に際し、飛鳥にあった厩坂寺《うまやさかでら》を平城京左京に移転し「興福寺《こうふくじ》」と名付けた。以降、天皇や皇后、藤原家によって堂塔が建てられ、元来、藤原氏の私寺である興福寺の造営は、国家の手で進められるようになった。

興福寺は、奈良時代には四大寺、平安時代には七大寺の一つに数えられ、大和国一国の荘園のほとんどを領して事実上の大和国の国主となっていた。その勢力の強大さは、比《ひ》叡山《えいざん》延暦寺《えんりゃくじ》とともに「南都北嶺《なんとほくれい》」と称された。

南円堂《なんえんどう》の本尊は不空羂索観音像で、西国三十三観音霊場の九番札所となる。国宝である木造不空羂索観音坐像は、運慶《うんけい》の父である康慶《こうけい》一門《いちもん》の作で、坐像で高さ三三六センチの巨像であるが、秘仏とされ、開扉は大般若経転読会《だいはんにゃぎょうてんどくえ》という行事の日のみとなっている。

■興福寺　奈良県奈良市登大路町48

唐招提寺

● とうしょうだいじ

日本仏教を生み出した道場

中国の唐から、鑑真《がんじん》が仏教者に戒律を授ける導師「伝戒《でんかい》の師《し》」として日本に招請《しょうせい》された。正式な僧となるためには*戒壇《かいだん》という施設で、有資格者の僧から*具足戒《ぐそくかい》を受けねばならないが、八世紀前半の日本には正式の戒壇はなく、戒律を授ける資格のある僧も不足していた。

そこで唐の高僧、鑑真を招請する。当時の航海は命がけで、鑑真は足掛け十三年の間に五回も渡航に失敗。天平勝宝五年(七五三)に六回目の渡航でようやく来日に成功する。鑑真は当時すでに六十六歳になっていた。来日後すぐに、東大寺大仏殿前で、聖武上皇、光明皇太后、娘である孝謙《こうけん》天皇《てんのう》らに菩薩戒を授けた。五年間を東大寺で過ごしたのち、西ノ京に唐招提寺の地が与えられ、律宗《りつしゅう》の総本山として建立される。

■唐招提寺　奈良県奈良市五条町13－46

写真／奈良市観光協会（2点とも）

＊戒壇…戒律を受ける儀式を行なう場所。

＊具足戒…僧が必ず守らなければならない戒律。

千手観音《せんじゅかんのん》

梵字の読み：「キリーク」
真言：オン バサラタラマ キリク ソワカ

千手観音は、サンスクリット語ではサハスラブフジャアールヤーヴァロキテーシュヴァラといい、「千の手をもつもの」の意味となる。インドでヒンドゥー教の影響を受けて成立した観音菩薩の変化身の一つであり、六観音では餓鬼界に対応している。「十一面千手観音」「千手千眼観音」「十一面千手千眼観音」などさまざまな呼び方があり、「千手千眼」は、千本の手のそれぞれの掌に眼をもつとされ、千本の手は、どのような衆生をも漏らさず救済しようとする、観音の慈悲と力の広大さを表わしている。

実際の造像においては、小さい慈手が本当に千本造られる場合もあるが、多くの場合、一本の手に二十五の世界があるとされ、四十本の手で千手を表現している。それぞれの慈手には宝珠や宝刀などの持物をもっている。

●梵字とは

仏を表す梵字は、基本となる一字（親）に点や線を付け加えることで、いろいろな字（子）が生まれることから種子（しゅじ）ともいわれる。

国宝・千手千眼観音立像　（奈良時代）　奈良・唐招提寺

高さ 5.4 メートル、「木心乾漆造」では最古最大の像。造立当時は、千手観音の文字どおり千の手を携えていたと考えられるが、現在では大脇手 42 本、小脇手 911 本の計 953 本が残されている。欠失しているとはいえ実際に千本の手を持つ像は珍しい。2009 年秋までは拝観不可。

仏像写真／飛鳥園

神仏《しんぶつ》が集う淡海《おうみ》の風景

近江《おうみ》の歴史は、飛鳥や*摂津《せっつ》よりも古いかもしれない。琵琶湖畔には、はるか古代に京《みやこ》がいくつも築かれていたはず。そう思わず確信してしまうほど、地勢に恵まれた淡海の周辺には優れた文明の痕跡をみることができる。越国《こしのくに》から奈良・京都へ、さらに東国と西国を結ぶ要衝《ようしょう》であり、製鉄、陶芸、製糸など、あらゆる渡来技術を育んでは、全国へと伝播していった。近江は、日本文化の土壌となって、傑出した人物や新たな勢力を生み出してきた。この地に生きる精神性は、母なる淡海に集う神仏によって育まれてきたに違いない。

人知を超えて存在する巨大な湖、それを囲う山々、湖畔の里には無数の観音菩薩が佇《たたず》んでいる。

＊摂津…摂津国は現在の大阪府にあった。7世紀には摂津国と呼ばれ、都に次ぐ地とされ、外国使節を応接する任をもった。

観音の里　近江

石山寺の本堂は、天然記念物の珪灰石(けいかいせき)という巨大な岩盤の上に建立され、これが石山寺の名の由来となっている。如意輪観音を本尊とする、日本でも有数の観音霊場である

石山寺

●いしやまでら

観音の夢見の磐座《いわくら》

東大寺大仏の造立にあたり大量の黄金を必要とした。そこで良弁《ろうべん》が吉野の金峰山《きんぷせん》に祈ったところ、夢に吉野の蔵王権現《ざおうごんげん》が現れ「近江国の湖水の南に観音菩薩の現れたまう土地がある。そこへ行って祈るがよい」というお告げがあった。

石山の地を訪れた良弁は、比良明神《ひらみょうじん》の化身である老人に導かれ、巨大な岩の上に、聖徳太子ゆかりの如意輪観音像《にょいりんかんのんぞう》を安置し草庵を建てた。その二年後、実際に陸奥国《むつのくに》から黄金が産出される。

石山寺は、初瀬の長谷寺と並び籠《こも》りの寺として知られ、多くの女流文人に愛された。清少納言の『枕草子』、藤原道綱母の『蜻蛉《かげろう》日記』に石山寺が登場し、『更級《さらしな》日記』の菅原孝標女も石山寺に参籠している。紫式部が『源氏物語』を着想したのも石山寺での参籠からであった。観音信仰と紫式部が重ね合わさり、本堂には「紫式部の間」が造られている。

■石光山　石山寺　滋賀県大津市石山寺1-1-1

園城寺

●おんじょうじ

（三《み》井《い》寺《でら》）

観音堂は寺域の南側、琵琶湖を望む高台に位置し、西国三十三観音霊場の第十四番札所、近江西国観音霊場の第五番札所となっている。また境内の微妙寺は湖国十一面観音霊場の第一番札所となる

近江京と不死鳥の寺

飛鳥時代、天智《てんぢ》天皇こと中大兄皇子《なかのおおえのおうじ》は、京《みやこ》を飛鳥から近江の大津へと移し、天皇に即位した。

天智天皇の皇位を継ぐ大友皇子《おおとものおうじ》は、壬申の乱のため二十五歳の若さで没している。その大友皇子の子である大友与多王《おおとものよたおう》は、父の菩提のため、天智天皇所持の弥勒菩薩像《みろくぼさつぞう》を本尊とする寺の建立を発願し、父親の仇でもある天武《てんむ》天皇から「園城寺《おんじょうじ》」という寺号を授かる。近江京はわずか五年の命であったが、その真南の地に園城寺が建立された。

「三井寺《みいでら》」の別称は、この寺に湧く霊泉が、天智・天武・持統《じとう》の三代の天皇の産湯として使われたことから「御井《みい》」の寺と言われていたものが転じて、三井寺となったといわれている。

園城寺は、幾度となく比叡山との抗争で焼き討ちされ、豊臣秀吉によって寺領を没収されたこともあるが、その都度再興されてきたことから、「不死鳥の寺」とも呼ばれるようになる。

■長等山《ながらさん》　園城寺《おんじょうじ》（三井寺《みいでら》）　滋賀県大津市園城寺町２４６

長命寺

ちょうめいじ

■姨綺耶山《いきやさん》　長命寺　滋賀県近江八幡市長命寺町157

琵琶湖を見下ろす長寿祈願の巡礼地

琵琶湖の湖東に面する長命《ちょうめい》山は標高三三三メートル。その中腹になる長命寺までは八〇八段の石段を登りつめる。西国三十三観音霊場の第三十一番札所。聖徳太子が開基したとする古刹《こさつ》である。

伝承によれば、景行天皇（第十二代）の時代、この地を訪れた武内宿禰《たけのうちのすくね》が、柳の木に「寿命長遠諸願成就」と彫って長寿を祈願した。そのためか宿禰は三〇〇歳の長命を保ち、六代の天皇に仕えたと伝えられている。

聖徳太子がこの地を訪れたとき、宿禰が彫った文字を発見し感慨に浸っていると、白髪の老人が現れ、その霊木で仏像を彫り安置するよう告げた。太子はさっそく、十一面観音を彫り出し伽藍を建て、太子は宿禰にあやかり、ここを長命寺と名付けたと伝えられている。

長命寺はその名の通り、延命長寿にご利益のある巡礼地とされ、かつての巡礼者は、三〇番札所の竹生島から船で長命寺に参詣したという。

己高閣・世代閣　ここうかく・よしろかく

平安時代から山岳信仰の霊場として隆盛を極めた己高山。かつて山上には数多くの寺社が存在していた。それらが廃寺となり現在に残されている97躯の仏像をはじめ、寺宝が多数収納、展示されている。

■滋賀県伊香郡木之本町古橋

木造十一面観音菩薩立像（平安初期）己高閣

己高山

●こだかみやま

観音の道、信仰の里

琵琶湖の東北、己高山《こだかみやま》を中心とした湖北の里は、古代からの日本海側の文化圏にもほど近く、縄文遺跡、弥生遺跡、上代時代の遺跡が数多く発見され、日本の歴史を通して文化を育んできた土地であったことが窺える。

越国から泰澄が、大和からは行基が訪れ、白山の観音信仰と大和仏教が出会う信仰の中心地であった。のちに真言宗と天台宗、さらに下って一向宗の強い地盤となるが、村人は宗旨、宗派の変遷に関係なく、先祖から受け継いだ仏像を本尊として大切に信仰してきた。

新興勢力の宗教、戦国時代の戦乱、明治維新の廃仏毀釈《はいぶつきしゃく》、その度に仏像を土の中に埋め、河の底に沈め、隠し持ち、村人が懸命に守ってきた仏像。そして現在、観音の里と呼ばれるほどの数多くの観音さまが、いまも人々に慈愛の眼差しを向けている。

湖北　花と観音の里

高月町・木之本町・余呉町

石道寺　十一面観音菩薩立像（平安中期）

観音に出逢う、やすらぎの里

湖北地方は近畿と北陸・東海を結ぶ交通の要衝にあり、多数の仏教文化財の宝庫として知られ、とくに観音像が多いことから「観音の里」と呼ばれる。滋賀県伊香郡の高月《たかつき》・木之本《きのもと》・余呉《よご》の各町には、五〇の社寺に六〇余躯の観音像を数えることができる。

平安時代に遡る古像も多く、井上靖『星と祭』、水上勉『湖の琴』などの作品の舞台にもなっていることでも知られ、とくに木之本町の石道寺、高月町の渡岸寺の十一面観音立像は、その彫像の優美さから人気が高く、参拝者があとを絶たない。

京都や奈良などのような大伽藍を構える寺院はなく、そのほとんどは小さな村堂につつましく安置され、豊かで恵まれた自然・風土の美しさ、人情ある土地柄に、四季を通じて全国各地より多くの人々が観音巡りに訪れる。

高月町の観音さまたち

高月町にはおよそ25躯の観音像があり、
花と観音の里と呼ばれている

馬頭観音《ばとうかんのん》

梵字の読み：「ウン」

真言：オン アミリト ドハンバ ウンハッタ ソワカ

馬頭観音は、サンスクリット語ではハヤグリーヴァといい、「馬の頭をもつもの」の意である。六観音では畜生界《ちくしょうかい》に対応する。衆生《しゅじょう》の無知・煩悩《ぼんのう》を排除し、諸悪《しょあく》を毀壊《きえ》する菩薩であり、ほかの観音像が女性的な穏やかな表情であるのに対し、馬頭観音は目尻を吊り上げ、牙を剥き出した忿怒相《ふんぬそう》となる。怒った顔の観音菩薩は、寺のご本尊としては敬遠される傾向もあり、多くは家畜の守り神や、旅行の安全の守り神として庶民の信仰を集めた。

●観音さまは変身する　三十三観音と三十三身

三十三観音とは、衆生の救済に応じて変化して現れる、楊柳観音（ようりゅうかんのん）、白衣観音（びゃくえかんのん）、龍頭延命観音（りゅうずえんめいかんのん）などの三十三種の観音をいう。三十三身は、救済のための観音菩薩の化身で、仏、八部衆（はちぶしゅう）、十二神将（じゅうにしんしょう）、人の姿でこの世に現れる。「33」という数は、古代インドの聖典「リグ・ヴェーダ」による神の数から、仏教の考えにも引き継がれた。

木造馬頭観音立像（平安末期）　滋賀県・横山神社

高月町立観音の里歴史民俗資料館寄託・展示
高月町指定文化財、一木割矧ぎ造、素地仕上げ、彫眼、
像高 99.6cm

高月町立観音の里歴史民俗資料館
■滋賀県伊香郡高月町渡岸寺 229 番地

観音が護る永遠の京《みやこ》

桓武天皇《かんむてんのう》による遷都は、古い京《みやこ》のすべてから逃れるようであった。権力の座にある僧侶、陰で政権を争う臣下《しんか》たち。さらに疫病《えきびょう》が蔓延《まんえん》し、地震や洪水にも襲われる。見えぬ怨霊《おんりょう》から逃れるための新たな土地が求められた。平安京の誕生(七九四)となる。

完全な*四神相応《ししんそうおう》の地形、二重三重に施される魔除けの結界。そこで必要となるのは、魔界とわたり合う法力であり、天を味方につける術であった。そこに登場したのが、二人の若き天才僧侶であった。

*空海《くうかい》と*最澄《さいちょう》によって中国からもたらされた密教は、新しい京を強力に鎮護《ちんご》しながらも、仏のご加護を人々のものにしていった。ここに日本独自の国風文化が花開きはじめ、観音菩薩が次々と現れ出す。

＊四神相応…天の四神の方角に相応した、すぐれた地勢。東に流水(青竜)、西に大道(白虎)、南にくぼ地(朱雀)、北に丘陵(玄武)のある土地をいう。四地相応。

＊空海…平安初期の僧。真言宗の開祖。弘法大師。804年に入唐し、二年後に帰朝して高野山に金剛峰寺を開く。嵯峨天皇より東寺(教王護国寺)を賜り、大僧都に任ぜられた。

＊最澄…日本天台宗の開祖。比叡山に入り根本中堂を創建。804年入唐、翌年帰国し、天台宗を開く。

観音の京　京都

鞍馬寺

●くらまでら

牛若丸(源義経)が修行をした地として知られ、大佛次郎の『鞍馬天狗』でも有名な鞍馬寺。鞍馬山の天狗は魔王尊がこの世で変化した姿だという。鞍馬寺は、新西国観音霊場の十九番札所となっている

京の北を守る観音霊場

平安京の北方《ほっぽう》*鎮護《ちんご》の寺院として建立された鞍馬寺《くらまでら》。本尊を「尊天《そんてん》」として、毘沙門天王《びしゃもんてんおう》、千手観世音菩薩、護法魔王尊《ごほうまおうそん》を祀っている。

寺の伝承によると、六五〇万年前に魔王尊(サナートクラマ)が、金星から鞍馬山に降臨したとする。宝亀元年(七七〇)には鑑真の高弟鑑禎《がんてい》が、魔王尊の霊力に導かれ、山城国の北方にある霊山の山中奥深くに、武の神である毘沙門天を祀った。

そして平安遷都後に、藤原伊勢人《ふじわらいせんど》が観音菩薩を祀る私寺の建立を思案していたところ、ある夜、霊夢を見て、そのお告げのとおり鞍馬山に行くと、毘沙門天を祀る小堂を見つける。

この毘沙門天を京の北の護りとして、毘沙門天とともに千手観音を祀る寺を建立した。

古来、鞍馬山中は魔王尊が降臨した聖地として知られ、天狗が集まる異界として都人に畏怖されていた。

■鞍馬山 鞍馬寺　京都府京都市左京区鞍馬本町1074

＊鎮護…災いや戦乱をしずめ、国をまもること。

清水寺

きよみずでら

観音霊場を代表する名刹

西国観音霊場・第十六番札所

洛陽観音霊場

- 第十番札所　善光寺堂
- 第十一番札所　奥の院
- 第十二番札所　本堂
- 第十三番札所　朝倉堂
- 第十四番札所　泰産寺

京都・東山、観音の聖地

清水寺《きよみずでら》の縁起はさまざまだが、宝亀九年、大和の僧・延鎮上人《えんちんしょうにん》が、夢のお告げで霊泉を訪ねてたどりついたのが音羽山《おとわさん》であったという。

そこに数百年も修行を続けているという行叡《ぎょうえい》居士《こじ》がいて、「東国へ旅立つので、後を頼む」と延鎮上人に言い残し去ってしまった。延鎮上人は、行叡居士が残していった霊木に観音像を刻み、草庵に安置した。

その二年後の宝亀十一年、のちに征夷大将軍《せいいたいしょうぐん》となる坂上田村麻呂《さかのうえのたむらまろ》が、音羽山に迷い込んだおり修行中の延鎮上人に出会った。田村麻呂は、延鎮上人により観音に帰依して、自邸を本堂として寄進したという。

田村麻呂は、観音の加護の賜物か、無事東国の蝦夷《えぞ》を平定し京に帰ることができた。延暦十七年(七九八)、田村麻呂は、延鎮上人に協力して本堂を大規模に改築し、清水寺を京の東方を鎮護する寺院とした。

■音羽山　清水寺　京都府京都市東山区清水1-294

京都を歩く、洛陽三十三所観音巡礼

平安時代に後白河法皇《ごしらかわほうおう》によって定められた洛陽三十三所観音霊場《らくようさんじゅうさんしょかんのんれいじょう》。観音信仰を多くの人々に広げ、江戸時代には庶民の間に大流行する。明治の廃仏毀釈《はいぶつきしゃく》で途絶えた観音巡礼が、百年以上たった平成の時代に甦る。

京の中心を示したとする「へそ石」

第一番札所　六角堂《ろっかくどう》　頂法寺《ちょうほうじ》

用明天皇《ようめいてんのう》二年（五八七）に、四天王寺造営の用材を求めてきた聖徳太子が、夢のお告げによって六角堂《ろっかくどう》を建立したのが縁起とされ、太子の護持仏《ごじぶつ》と伝えられる如意輪観音菩薩を本尊とする。本堂北の本坊には、太子が沐浴したとされる池があることから池坊と呼ばれ、華道発祥の地として知られている。

建仁元年（一二〇二）には親鸞聖人《しんらんしょうにん》が百日間参籠《さんろう》して、観音菩薩（聖徳太子）の夢のお告げにより、のちに真宗を開くようになることで知られている。西国観音霊場《さいごくかんのんれいじょう》の十八番札所であり、技芸上達のご利益があるとされる。

■京都市中京区六角通東洞院西入堂之前町 248

第六番札所
金戒光明寺《こんかいこうみょうじ》（黒谷）

浄土宗の大本山。法然上人《ほうねんしょうにん》が念仏の教えを説くため開いた草庵。江戸時代に栄え、幕末には会津藩《あいづはん》と新撰組《しんせんぐみ》の屯所《とんしょ》が置かれた。安置される千手観音菩薩像は吉備観音《きびかんのん》と呼ばれ、吉備真備《きびのまきび》に由来する。広大な境内は三重の塔などがあり、春の桜や秋の紅葉が美しい。

■京都市左京区黒谷町121

第十五番札所
六波羅蜜寺《ろくはらみつじ》

平安中期に、踊り念仏で知られる市聖空也上人《いちのひじりくうやしょうにん》が開いた寺院。平安後期、この地域に平清盛ら平家の屋敷があり六波羅殿《ろくはらでん》と呼ばれた。国宝の本尊十一面観音立像のほかにも重要文化財を多数所蔵する歴史と伝統のある古刹《こさつ》。西国三十三観音霊場第十七番札所。

■京都市東山区五条通大和大路上ル東入

第十七番札所
蓮華王院《れんげおういん》（三十三間堂）

観音信仰の篤かった後白河《ごしらかわ》法皇《ほうおう》が、一一六四年に平清盛の助力を得て創建された。木造建築では世界一の長さを誇る。本尊の千手観音坐像、風神像《ふうじんぞう》、雷神像《らいじんぞう》、二十八部衆像は国宝。一〇〇一躯ある観音立像には、会いたいと願う人の顔が必ずあると言われる。

■京都市東山区三十三間堂廻町657

第二十番札所
泉涌寺《せんにゅうじ》

建立一二一八年の真言宗《しんごんしゅう》泉《せん》涌《にゅう》寺《じ》派《は》総本山《そうほんざん》。多くの天皇の陵墓があり皇室の菩提寺として「御寺《みてら》」と呼ばれる。大門の左手奥の観音堂に安置されるのが、中国の玄宗皇帝に寵愛された絶世の美女楊貴妃にちなむ楊貴妃観音像（重文）である。

■京都市東山区泉涌寺山内町27

第二十四番札所
長圓寺《ちょうえんじ》

町の中にひっそりと佇《たたず》む長圓寺。観音堂に安置される聖観音は、平安京に疱瘡《ほうそう》が流行したとき、恵心僧都《えしんそうず》によって造られ、宮中にて二十一日間祈願法要されたところ、たちまち疱瘡は治まった。それ以来疫病除けの霊験あらたかな観音さまとして知られている。

■京都市下京区松原通大宮西入
中堂寺西寺町33

第二十八番札所
壬生寺《みぶでら》・中院

新撰組《しんせんぐみ》ゆかりの寺として有名な律宗別格本山《りっしゅうべっかくほんざん》。境内には重要文化財で狂言舞台の大念仏堂《だいねんぶつどう》や、近藤勇《こんどういさみ》銅像、新撰組隊士の墓である壬生塚《みぶづか》などがある。毎年節分と四月、十月に重要無形民俗文化財になっている壬生狂言が演じることで知られている。

■京都市中京区壬生梛ノ宮町31

洛陽三十三所観音霊場

一番	六角堂　頂法寺 如意輪観世音菩薩 京都市中京区六角通東洞院西入堂之前町248
二番	新京極　誓願寺 十一面観世音菩薩 京都市中京区新京極通三条下ル桜之町453
三番	護浄院（清荒神） 准胝観世音菩薩 京都市上京区荒神口通寺町東入荒神町122
四番	革堂　行願寺 千手観世音菩薩 京都市中京区寺町通竹屋町上ル行願寺門前町17
五番	新長谷寺（真如堂） 十一面観世音菩薩 京都市左京区浄土寺真如町82
六番	金戒光明寺（黒谷） 千手観世音菩薩 京都市左京区黒谷町121
七番	長樂寺 准胝観世音菩薩 京都市東山区円山町626
八番	大蓮寺 十一面観世音菩薩 京都市左京区東山二条西入ル一筋目下ル457
九番	青龍寺 聖観世音菩薩 京都市東山区河原町通八坂鳥居前下ル南町411
十番	清水寺　善光寺堂（旧地蔵院） 如意輪観世音菩薩 京都市東山区清水一丁目294
十一番	清水寺　奥の院 三面千手千眼観世音菩薩 京都市東山区清水一丁目294
十二番	清水寺　本堂 十一面千手千眼観世音菩薩 京都市東山区清水一丁目294
十三番	清水寺　朝倉堂 十一面千手千眼観世音菩薩 京都市東山区清水一丁目294
十四番	清水寺　泰産寺 十一面千手千眼観世音菩薩 （子安観音） 京都市東山区清水一丁目294
十五番	六波羅蜜寺 十一面観世音菩薩 京都市東山区五条通大和大路上ル東入
十六番	仲源寺 千手観世音菩薩 京都市東山区四条通大和大路東入ル祇園町南側585
十七番	蓮華王院（三十三間堂） 十一面千手千眼観世音菩薩 京都市東山区三十三間堂廻り町657
十八番	善能寺 聖観世音菩薩 京都市東山区泉涌寺山内町34
十九番	今熊野観音寺 十一面観世音菩薩 京都市東山区泉涌寺山内町32
二十番	泉涌寺 楊貴妃観世音菩薩 京都市東山区泉涌寺山内町27
二十一番	法性寺 二十七面千手観世音菩薩 京都市東山区本町16丁目307
二十二番	城興寺 千手観世音菩薩 京都市南区東九条烏丸町7-1
二十三番	東寺 十一面観世音菩薩 京都市南区九条町1
二十四番	長圓寺 聖観世音菩薩 京都市下京区松原通大宮西入中堂寺西寺町33
二十五番	法音院 不空羂索観世音菩薩 京都市東山区泉涌寺山内町30
二十六番	正運寺 十一面観世音菩薩 京都市中京区蛸薬師通大宮西入因幡町112
二十七番	平等寺（因幡堂） 十一面観世音菩薩 京都市下京区松原通烏丸東入因幡堂町728
二十八番	壬生寺中院 十一面観世音菩薩 京都市中京区壬生梛ノ宮町31壬生寺内
二十九番	福勝寺 聖観世音菩薩 京都市上京区出水通千本西入ル七番町323-1
三十番	椿寺　地蔵院 十一面観世音菩薩 京都市北区一条通西大路東入ル大将軍川端町2
三十一番	東向観音寺 十一面観世音菩薩 京都市上京区今小路通御前通西入上ル観音寺門前町863
三十二番	盧山寺 如意輪観世音菩薩 京都市上京区寺町通広小路上ル
三十三番	清和院 聖観世音菩薩 京都市上京区七本松通一条上ル一観音428-1

准胝観音《じゅんていかんのん》

梵字の読み：「ボ」
真言：オン シャレイ ソレイ ソンデイ ソワカ

准胝観音は、サンスクリット語ではドゥルガーまたはチュンディーといい、准胝《じゅんてい》は音訳である。准胝とは「清浄」または「妙なる」という意味で、観音菩薩の清らかな心を象徴する。六観音では人間界《にんげんかい》に対応する。またチュンディーという言葉はチュンティー「泉」にも通じることから、水の浄化の働きにより清浄をもたらす水の女神のイメージがある。また「准胝仏母《じゅんていぶつも》」ともいわれ、子宝に恵まれ、延命長寿の霊験があるという。その容姿は三眼十八臂《さんがんじゅうはっぴ》(三つの眼、十八本の手)が多い。

木造准胝観音立像　黒田観音（平安時代）　黒田観音寺

行基作とも伝えられ、優美で気品のある姿は密教系の造作ともいわれる。

■滋賀県伊香郡木之本町黒田 1811

不空羂索観音《ふくうけんじゃくかんのん》

梵字の読み：「モ」
真言は：オン ハンドマ ダラ アボキャジャヤニ
ソロソロ ソワカ

　不空羂索観音は、サンスクリット語ではアモーガ・パーシャという。「不空」とは「空《むな》しからず」の意であり、「羂索」は鳥獣《ちょうじゅう》を捕える網のこと。そこから、あらゆる衆生をもらすことなく救済する観音となる。六観音では人間界《にんげんかい》に対応する。たいていの場合、額の第三の眼(アジナーチャクラ)がある。二十種類の現世利益《げんせりやく》と、八種の果報《かほう》をもたらしてくれるとされている。またその功徳《くどく》のなかには国家を鎮護《ちんご》するということが含まれ、日本ではこの目的のために像が造られた。

木造不空羂索観音菩薩坐像（平安時代）　応現寺(東鳴川観音講)

奈良・興福寺南円堂像、焼失以前の不空羂索観音菩薩像の模作いわれ、現存する像としてたいへん貴重である。檜材、一木割ハギ造、像高 90.6 ㎝。東鳴川観音講所蔵
■奈良県奈良市東鳴川 31

観音の聖地 熊野那智

●くまのなち

若き天皇は最愛の女性を失い、嘆き悲しみの果てに出家してしまう。花山《かざん》天皇(在位九八四)はわずか三年足らずで天皇の座から離され、熊野へと旅に出る。

ある時、参籠する花山法皇の前に熊野権現《くまのごんげん》が現れた。「日本には三十三所の観音霊場がある。その昔、長谷寺の徳道上人《とくじょうしょうにん》が閻魔王《えんまおう》の教えで巡礼したが、いまは巡る者がいない。河内国《かわちのくに》の石川に名僧がいる。その僧とともに観音霊場三十三所の巡礼を再興せよ」とのご託宣《たくせん》があった。

法皇は仏眼上人《ぶつがんしょうにん》のもとを訪ね、ともに那智山《なちさん》を一番とする三十三所観音巡礼の旅に出た。

青岸渡寺

●せいがんとじ

異界への旅、観音の聖地

補陀洛《ふだらく》や岸打《きしう》つ波は三熊野の
那智のお山にひびく滝つ瀬

熊野三山《くまのさんざん》の信仰が皇族や貴族に広まったのは平安時代中期以降となるが、那智山・青岸渡寺《せいがんとじ》は、仁徳天皇《にんとくてんのう》の時代(四世紀)、那智の浜に流れ着いたインド僧の裸形《らぎょう》上人が、那智滝《なちのたき》の滝壺で金製の如意輪観音《にょいりんかんのん》を得て、本尊として安置したのがはじまりとされる。

近世まで熊野那智大社とともに神仏習合《しんぶつしゅうごう》の修験道場であったが、明治時代の廃仏毀釈《はいぶつきしゃく》で、熊野三山のほかの二つ、熊野本宮大社、熊野速玉大社の仏堂は全て廃された。熊野那智大社の如意輪堂だけが破却を免れ、のちに現在の青岸渡寺として復興された。

■青岸渡寺　和歌山県東牟婁郡那智勝浦町那智山

補陀洛山寺

●ふだらくさんじ

さらに南へ、瑠璃色の観音浄土の海

熊野三山大神社(浜の宮王子)に隣接し、もとは那智権現《なちごんげん》の供僧寺《ぐそうでら》で、補陀洛渡海《ふだらくとかい》の出発の寺として知られる。補陀洛渡海とは、南の洋上にある補陀洛《ふだらく》(観音)浄土《じょうど》を求め、死を賭《と》して出航する信仰のことで、九世紀から十八世紀までに二十五人が決行した。

■補陀洛山寺
和歌山県東牟婁郡那智勝浦町浜の宮

如意輪観音《にょいりんかんのん》

梵字の読み：「キリーク」
真言：オン ハンドマ シンダマ
　　　ニジンバラ ウン

如意輪観音は、サンスクリット語ではチンタマニチャクラ(中国でチンタ＝如意、マニ＝宝珠、チャクラ＝法輪と訳す)という。観音菩薩の変化身《へんげしん》の一つであり、六観音では天上界《てんじょうかい》に対応する。如意輪観音像はほとんどが坐像《ざぞう》または半跏像《はんかぞう》で、立像はまず見かけない。片膝を立てて座る六臂《ろくひ》(六本の手)の像が多いが、これとはまったく像容の異なる二臂《にひ》(二本の手)の半跏像もある。六臂像は六本の手のうちの二本に如意宝珠と法輪を持っており、如意輪の尊名の由来にもなっている。如意宝珠《にょいほうじゅ》とは、すべての願いを叶えるものであり、チャクラ＝法輪は、元来古代インドの武器であったチャクラムから転じ、煩悩《ぼんのう》を破壊する仏法の象徴となった。

如意輪観音菩薩坐像　那智山青岸渡寺

青岸渡寺・如意輪堂に安置されている本尊であり秘仏。
左写真はお前立ち(本尊の代わりに拝む像)。
青岸渡寺は、西国観音霊場一番札所となっている。

大阿闍梨にたずねる　祈りとは

天台宗・大行満大阿闍梨　上原行照

祈ることは世界中どの宗教にもありますが、祈ることとは信じること。祈りの前提には「信じる」ということがあります。

目に見えたり聞こえたり、五感で捉えることができるものは容易に理解することができますが、目に見ることもない、声を聞くこともない、捉えどころのない神仏を信じることができるか。信じる心があってはじめて祈りが神仏へと通じるのです。

たとえば、愛する人に気持ちを伝えるにはどうするでしょうか。言葉で伝え、態度で表わしますね。「信」という字は「人が言う」と書きます。言っていることが実際と違っていれば、それは信用を無くしてしまいます。言っていることとやっていることがイコールであるか、その延長線に神や仏があるわけです。

現代人は短絡的で、すぐに結果が出ないと理解に及ばない。そういうことからも信じることが難しくなってきているのです。たとえ神さま、仏さまが手を差しのべて、人生にとって計り知れないほどの功徳やご利益を与えてくださっても、人間の方がそっぽを向いていては受け取ることはできません。目に見えない神仏のご加護《かご》がわかるから信じる。信じるから祈る。信じることがなければ、祈ることには至らないわけです。

グローバル化といわれる現代、日本の生活様式もこの数十年で大きく変わりました。日本人がそれまで持ち続けてきた習慣や礼節も失われてきています。お天道さまでも、ご先祖さまでも尊いと想うものを拝み、祈る。日常生活のなかに信仰の姿が見られなくなりました。子供たちに伝えていきたくても、教える大人もいない。信仰については学校では教えませんから、家庭や地域社会で教えていくしかないのです。

日本人が千年以上にわたり保ち続けてきた大切な精神性が失われていく。現代社会はその極みに達しているのではないでしょうか。

かつての日本人は、人が見ていようといまいと関係なく、神や仏を崇める。その信仰心が、幸せに生きていく上での道しるべになっていたのです。

大阿闍梨《だいあじゃり》と千日回峰行《せんにちかいほうぎょう》

千日間、山上山下《さんじょうさんが》を礼拝して歩く、天台に千年以上伝わる修験行《しゅげんぎょう》。一度、行に入ってからは、いかなることがあっても途中で止めることは許されない、まさに命を賭けた荒行である。行のはじめは険しい山中を毎日三十キロ歩き、七百日目に「堂入《どうい》り」という、九日間一切飲まず食わず、不眠不休での生命の限界を超えた祈祷の行に入る。その後も、赤山苦行《せきざんくぎょう》で一日に六十キロ、京都市中の大廻りでは一日に八十四キロを駆け抜ける。大阿闍梨とは、千日回峰行を終えた行者に与えられる尊称であり、古来より生身の仏として尊崇されている。

西国三十三所観音霊場

一番	那智山　青岸渡寺 なちさん　せいがんとじ	如意輪観世音菩薩 和歌山県東牟婁郡那智勝浦町那智山8
二番	紀三井山　金剛宝寺護国院（紀三井寺） きみいさん　こんごうほうじごこくいん	十一面観世音菩薩 和歌山県和歌山市紀三井寺1201
三番	風猛山　粉河寺 ふうもうさん　こかわでら	千手千眼観世音菩薩 和歌山県紀の川市粉河2787
四番	槇尾山　施福寺　（槇尾寺） まきのおさん　せふくじ	十一面千手千眼観世音菩薩 大阪府和泉市槇尾山町136
五番	紫雲山　葛井寺　（藤井寺） しうんざん　ふじいでら	十一面千手千眼観世音菩薩 大阪府藤井寺市藤井寺1-16-21
六番	壷阪山　南法華寺　（壷阪寺） つぼさかさん　みなみほっけじ	十一面千手千眼観世音菩薩 奈良県高市郡高取町壺阪3
七番	東光山　龍蓋寺　(岡寺) とうこうさん　りゅうがいじ	如意輪観世音菩薩 奈良県高市郡明日香村岡806
八番	豊山　長谷寺 ぶざん　はせでら	十一面観世音菩薩 奈良県桜井市初瀬731-1
九番	興福寺　南円堂 こうふくじ　なんえんどう	不空羂索観世音菩薩 奈良県奈良市登大路町48
十番	明星山　三室戸寺 みょうじょうざん　みむろとじ	千手観世音菩薩 京都府宇治市菟道滋賀谷21
十一番	深雪山　上醍醐寺 みゆきやま　かみだいごじ	准胝観世音菩薩 京都府京都市伏見区醍醐醍醐山1
十二番	岩間山　岩間寺（正法寺） いわまさん　いわまでら	千手観世音菩薩 滋賀県大津市石山内畑町82
十三番	石光山　石山寺 せっこうざん　いしやまでら	如意輪観世音菩薩 滋賀県大津市石山寺1-1-1
十四番	長等山　園城寺 (三井寺) ながらさん　おんじょうじ	如意輪観世音菩薩 滋賀県大津市園城寺町246
十五番	新那智山　観音寺 (今熊野観音寺) しんなちさん　かんのんじ	十一面観世音菩薩 京都府京都市東山区泉涌寺山内町32
十六番	音羽山　清水寺 おとわさん　きよみずでら	十一面千手千眼観世音菩薩 京都府京都市東山区清水1丁目294
十七番	補陀落山　六波羅蜜寺 ふだらくさん　ろくはらみつじ	十一面観世音菩薩 京都府京都市東山区五条通大和大路上ル東入

十八番	紫雲山　頂法寺　(六角堂) しうんざん　ちょうほうじ	如意輪観世音菩薩 京都府京都市中京区六角通東洞院西入堂之前町248
十九番	霊鹿山　行願寺 (革堂) れいゆうざん　ぎょうがんじ	千手観世音菩薩 京都府京都市中京区寺町通竹屋町上ル行願寺門前町17
二十番	西山　善峯寺 にしやま　よしみねでら	十一面千手観世音菩薩 京都府京都市西京区大原野小塩町1372
二十一番	菩提山　穴太寺 ぼだいさん　あなおじ	聖観世音菩薩 京都府亀岡市曾我部町穴太東辻46
二十二番	補陀洛山　総持寺 ふだらくさん　そうじじ	千手観世音菩薩 大阪府茨木市総持寺1-6-1
二十三番	応頂山　勝尾寺 おうちょうざん　かつおうじ	十一面千手観世音菩薩 大阪府箕面市勝尾寺
二十四番	紫雲山　中山寺 しうんざん　なかやまでら	十一面観世音菩薩 兵庫県宝塚市中山寺2-11-1
二十五番	御嶽山　清水寺　(播州清水) みたけさん　きよみずでら	十一面観世音菩薩 兵庫県加東市平木1194
二十六番	法華山　一乗寺 ほっけさん　いちじょうじ	聖観世音菩薩 兵庫県加西市坂本町821-17
二十七番	書寫山　圓教寺 しょしゃざん　えんきょうじ	如意輪観世音菩薩 兵庫県姫路市書写2968
二十八番	成相山　成相寺 なりあいさん　なりあいじ	聖観世音菩薩 京都府宮津市成相寺339
二十九番	青葉山　松尾寺 あおばさん　まつのおでら	馬頭観世音菩薩 京都府舞鶴市松尾532
三十番	巌金山　宝厳寺 (竹生島宝厳寺) がんこんざん　ほうごんじ	千手千眼観世音菩薩 滋賀県長浜市早崎町竹生島1664
三十一番	姨綺耶山　長命寺 いきやさん　ちょうめいじ	千手十一面聖観世音菩薩（三尊一体） 滋賀県近江八幡市長命寺町157
三十二番	繖山　観音正寺 きぬがさやま　かんのんしょうじ	千手千眼観世音菩薩 滋賀県蒲生郡安土町石寺2番地
三十三番	谷汲山　華厳寺 たにぐみさん　けごんじ	十一面観世音菩薩 岐阜県揖斐郡揖斐川町谷汲徳積23

坂東《ばんどう》三十三所観音霊場

第一番　杉本寺
神奈川県鎌倉市二階堂903

第二番　岩殿寺
神奈川県逗子市久木5-7-11

第三番　安養院
神奈川県鎌倉市大町3-1-22

第四番　長谷寺
神奈川県鎌倉市長谷3-11-2

第五番　勝福寺
神奈川県小田原市飯泉1161

第六番　長谷寺
神奈川県厚木市飯山5605

第七番　光明寺
神奈川県平塚市南金目896

第八番　星谷寺
神奈川県座間市入谷3-3583

第九番　慈光寺
埼玉県比企郡都幾川村西平386

第十番　正法寺
埼玉県東松山市岩殿1229

第十一番　安楽寺
埼玉県比企郡吉見町御所374

第十二番　慈恩寺
埼玉県岩槻市慈恩寺139

第十三番　浅草寺
東京都台東区浅草2-3-1

第十四番　弘明寺
神奈川県横浜市南区弘明寺町267

第十五番　長谷寺
群馬県群馬郡榛名町白岩448

第十六番　水澤寺
群馬県渋川市伊香保町水沢214

第十七番　満願寺
栃木県栃木市出流町288

第十八番　中禅寺
栃木県日光市中禅寺歌ヶ浜2578

第十九番　大谷寺
栃木県宇都宮市大谷町1198

第二十番　西明寺
栃木県芳賀郡益子町大字益子4469

第二十一番　日輪寺
茨城県久慈郡大子町上野宮真名板倉2134

第二十二番　佐竹寺
茨城県常陸太田市天神林町2404

第二十三番　観世音寺
茨城県笠間市笠間1056-1

第二十四番　楽法寺
茨城県桜川市本木1

第二十五番　大御堂
茨城県つくば市筑波748-2

第二十六番　清瀧寺
茨城県新治郡新治村大字小野1151

第二十七番　円福寺
千葉県銚子市馬場町293

第二十八番　龍正院
千葉県香取郡下総町滑川1196

第二十九番　千葉寺
千葉県千葉市中央区千葉寺町161

第三十番　高蔵寺
千葉県木更津市矢那1245

第三十一番　笠森寺
千葉県長生郡長南町笠森302

第三十二番　清水寺
千葉県夷隅郡岬町鴨根1270

第三十三番　那古寺
千葉県館山市那古1125

秩父《ちちぶ》三十四所
観音霊場

第一番　四萬部寺
埼玉県秩父市栃谷418

第二番　真福寺
埼玉県秩父市山田3095

第三番　常泉寺
埼玉県秩父市山田1392

第四番　金昌寺
埼玉県秩父市山田1803

第五番　長興寺
埼玉県秩父郡横瀬町横瀬6086

第六番　卜雲寺
埼玉県秩父郡横瀬町横瀬1430

第七番　法長寺
埼玉県秩父郡横瀬町横瀬1508

第八番　西善寺
埼玉県秩父郡横瀬町横瀬598

第九番　明智寺
埼玉県秩父郡横瀬町横瀬2160

第十番　大慈寺
埼玉県秩父郡横瀬町横瀬5151

第十一番　常楽寺
埼玉県秩父市熊木町43-28

第十二番　野坂寺
埼玉県秩父市野坂2-12-25

第十三番　慈眼寺
埼玉県秩父市東町26-7

第十四番　今宮坊
埼玉県秩父市中町25-12

第十五番　少林寺
埼玉県秩父市番場町7-9

第十六番　西光寺
埼玉県秩父市中村町4-8-21

第十七番　定林寺
埼玉県秩父市桜木町21-3

第十八番　神門寺
埼玉県秩父市下宮地町5-15

第十九番　龍石寺
埼玉県秩父市大畑町15-31

第二十番　岩之上堂
埼玉県秩父市寺尾2169

第二十一番　観音寺
埼玉県秩父市寺尾2354

第二十二番　永福寺
埼玉県秩父市寺尾3595

第二十三番　音楽寺
埼玉県秩父市寺尾3773

第二十四番　法泉寺
埼玉県秩父市別所1586

第二十五番　久昌寺
埼玉県秩父市久那2215

第二十六番　円融寺
埼玉県秩父市下影森348

第二十七番　大淵寺
埼玉県秩父市上影森411

第二十八番　橋立堂
埼玉県秩父市上影森675

第二十九番　長泉院
埼玉県秩父市荒川上田野557

第三十番　法雲寺
埼玉県秩父市荒川白久432

第三十一番　観音院
埼玉県秩父郡小鹿野町飯田観音2211

第三十二番　法性寺
埼玉県秩父郡小鹿野町般若2661

第三十三番　菊水寺
埼玉県秩父市下吉田1104

第三十四番　水潜寺
埼玉県秩父郡皆野町下日野沢3522

観音経《かんのんぎょう》　偈文《げぶん》

妙法蓮華経観世音菩薩普門品《みょうほうれんげきょうかんぜおんぼさつふもんぼん》

世尊妙相具《せーそんみょうそうぐー》　我今重問彼《がーこんじゅうもんぴー》　佛子何因縁《ぶっしーがーいんねん》　名為觀世音《みょういーかんぜーおん》

具足妙相尊《ぐーそくみょうそうそん》　偈答無盡意《げーとうむーじんにー》　汝聽觀音行《にょーちょうかんのんぎょう》　善應諸方所《ぜんのうしょーほうしょー》

弘誓深如海《ぐーぜいじんにょーかい》　歴劫不思議《りゃっこうふーしーぎー》　侍多千億佛《じーたーせんのくぶつ》　發大清浄願《ほつだいしょうじょうがん》

我為汝略説《がーいーにょーりゃくせつ》　聞名及見身《もんみょうぎゅうけんしん》　心念不空過《しんねんふーくうかー》　能滅諸有苦《のうめつしょーうーくー》

假使興害意《けーしーこうがいいー》　推落大火坑《すいらくだいかーきょう》　念彼觀音力《ねんぴーかんのんりき》　火坑變成池《かーきょうへんじょうちー》

或漂流巨海《わくひょうるーこーかい》　龍魚諸鬼難《りゅうぎょーしょーきーなん》　念彼觀音力《ねんぴーかんのんりき》　波浪不能没《はーろうふーのうもつ》

或在須彌峯《わくざいしゅーみーぶー》　為人所推堕《いーにんしょーすいだー》
念彼觀音力《ねんぴーかんのんりき》　如日虚空住《にょーにちこーくーじゅう》

或被惡人逐《わくびーあくにんちく》　堕落金剛山《だーらくこんごうせん》
念彼觀音力《ねんぴーかんのんりき》　不能損一毛《ふーのうそんいちもう》

或値怨賊繞《わくちーおんぞくにょう》　各執刀加害《かくしゅうとうかーがい》
念彼觀音力《ねんぴーかんのんりき》　咸即起慈心《げんぞくきーじーしん》

或遭王難苦《わくそうおうなんぐー》　臨刑欲壽終《りんぎょうよくじゅーしゅう》
念彼觀音力《ねんぴーかんのんりき》　刀尋段段壊《とうじんだんだんねー》

或囚禁枷鎖《わくしゅうきんかーさー》　手足被杻械《しゅーそくびーちゅうかい》
念彼觀音力《ねんぴーかんのんりき》　釈然得解脱《しゃくねんとくげーだつ》

呪詛諸毒薬《しゅーそーしょーどくやく》　所欲害身者《しょーよくがいしんじゃー》
念彼觀音力《ねんぴーかんのんりき》　還著於本人《げんぢゃくおーほんにん》

或遇惡羅刹《わくぐうあくらーせつ》　毒龍諸鬼等《どくりゅうしょーきーとう》
念彼觀音力《ねんぴーかんのんりき》　時悉不敢害《じーしっぷーかんがい》

若惡獣圍繞《にゃくあくじゅういーにょう》　利牙爪可怖《りーげーそうかーふー》
念彼觀音力《ねんぴーかんのんりき》　疾走無邊方《しっそうむーへんぼう》

蚖蛇及蝮蠍《がんじゃーぎゅうふっかつ》　気毒煙火燃《けーどくえんかーねん》
念彼觀音力《ねんぴーかんのんりき》　尋聲自回去《じんしょうじーえーこー》

雲雷鼓掣電《うんらいくーせいでん》
降雹澍大雨《ごうばくじゅーだいうー》
念彼觀音力《ねんぴーかんのんりき》
應時得消散《おうじーとくしょうさん》

衆生被困厄《しゅーじょうひーこんにゃく》
無量苦逼身《むーりょうくーひっしん》
觀音妙智力《かんのんみょうちーりき》
能救世間苦《のうぐーせーけんくー》

具足神通力《ぐーそくじんずうりき》
廣修智方便《こーしゅうちーほうべん》
十方諸国土《じっぽうしょーこくどー》
無刹不現身《むーせつふーげんしん》

種種諸惡趣《しゅーじゅーしょーあくしゅー》
地獄鬼畜生《じーごくきーちくしょう》
生老病死苦《しょうろうびょうしーくー》
以漸悉令滅《いーぜんしつりょうめつ》

眞觀清浄觀《しんかんしょうじょうかん》
廣大智慧觀《こうだいちーえーかん》
悲觀及慈觀《ひーかんぎゅうじーかん》
常願常瞻仰《じょうがんじょうせんごう》

無垢清浄光《むーくーしょうじょうこう》
慧日破諸闇《えーにちはーしょーあん》
能伏災風火《のうぶくさいふうかー》
普明照世間《ふーみょうしょうせーけん》

悲體戒雷震《ひーたいかいらいしん》
慈意妙大雲《じーいーみょうだいうん》
澍甘露法雨《じゅーかんろーほううー》
滅除煩悩焔《めつじょーぼんのうえん》

淨訟經官處《じょうしょうきょうかんじょー》
怖畏軍陣中《ふーいーぐんじんちゅう》
念彼觀音力《ねんぴーかんのんりき》
衆怨悉退散《しゅーおんしったいさん》

妙音觀世音《みょうおんかんぜーおん》
梵音海潮音《ぼんのんかいちょうおん》
勝彼世間音《しょうひーせーけんのん》
是故須常念《ぜーこーしゅーじょうねん》

念念勿生疑《ねんねんもっしょうぎー》　觀世音浄聖《かんぜーおんじょうしょう》　於苦惱死厄《おーくーのうしーやく》　能爲作依怙《のういーさーえーこー》

具一切功徳《ぐーいっさいくーどく》　慈眼視衆生《じーげんじーしゅーじょう》　福聚海無量《ふくじゅーかいむーりょう》　是故應頂禮《ぜーこーおうちょうらい》

爾時持地菩薩《にーじーじーじーぼーさー》即從座起《そくじゅうざーきー》　前白佛言《ぜんびゃくぶつごん》　世尊《せーそん》　若有衆生《にゃくうーしゅーじょう》

聞是觀世音菩薩品《もんぜーかんぜーおんぼーさーほん》　自在之業《じーざいしーごう》　普門示現《ふーもんじーげん》　神通力者《じんずうりきしゃー》

當知是人功徳不少《とうちーぜーにんくーどくふーしょう》　佛説是普門品時《ぶっせつぜーふーもんぼんじー》　衆中《しゅーちゅう》

八萬四千衆生《はちまんしーせんしゅーじょう》　皆發無等等《かいほつむーとうどう》　阿耨多羅三藐三菩提心《あーのくたーらーさんみゃくさんぼーだいしん》

参考　真言宗豊山派「壇信徒のおつとめ」より　（旧漢字づかい、読みは、他のものと異なる場合があります）

十句観音経《じっくかんのんぎょう》

もっとも短いお経を唱える

観世音《かんぜーおん》　南無仏《なーむーぶつ》
与仏有因《よーぶつうーいん》　与仏有縁《よーぶつうーえん》
仏法僧縁《ぶっぽうそうえん》　常楽我浄《じょうらくがーじょう》
朝念観世音《ちょうねんかんぜーおん》　暮念観世音《ぼーねんかんぜーおん》
念念従心起《ねんねんじゅうしんき》　念念不離心《ねんねんふーりーしん》

観世音さま、私はみ仏を信じます。
仏さまとともにある因や、
仏さまの縁をいただいています。
仏法僧の縁によって、
常に楽しく清浄な悟りの境地を求めます。
朝に観世音を念じ、夕に観世音を念じ、
一念一念、たえず心に念じ、
心から離れる事はありません。

『十句観音経』は、わずか十句・四十二文字の全仏典のなかでもっとも短いお経といわれる。はじめ中国で流行したが、偽経《ぎきょう》(サンスクリット語での原典のない経典のこと)とされていた。日本では江戸時代の初期に大流行したが、偽経の噂は付きまとい、経典として否定する宗派や僧侶が現れた。

江戸時代中期になり、臨済宗《りんざいしゅう》の中興《ちゅうこう》の祖といわれる禅僧の白隠《はくいん》禅師によって、そういった批判が打消された。

白隠禅師は、『十句観音経』には強大な霊験があるのだから、それがたとえ偽経であっても大いに信心すべきであると主張した。

『十句観音経』が教えるのは、ただひたすら観音菩薩を念じ、その功徳を信じることの大切さである。その意味では『十句観音経』は、観音経の真髄をあらわし観音信仰の心を表現している。現在では、もっとも唱えやすいお経として宗派を越えて広く読誦されている。

あとがき

母に従って法華経《ほけきょう》のルビ付き抄訳《しょうやく》を毎日読誦《どくじゅ》しはじめたのは七歳のころ。前の年、自分の名前の読み書きも知らずに入学した。そんな子供の理解力は推して知るべしである。しかしやがて知的理解とは別なことが我が身に起きた。

六年生のころ、母にお使いを頼まれた。行き先はまだ人家がまばらで街灯もない。暮れ易い冬の夕方はすぐ真っ暗になる。竹藪沿いの長い坂道を恐怖の虜になって転がるように駆け下りた。人気のない夜道を心臓が張り裂けそうになりながら、電灯の見えるところまでをただ走った。

幸か不幸か、その用事は何度か続いた。怖さに慣れることができなかった私に『かの観音の力を念ぜば』がふと浮んだ。それに力を得て、誰もいない暗い道を自分に言い聞かせるように繰り返しながら歩いた。歩けたのだ。ようやく何度目かに〈怖がっているのは自分で、怖いのは暗いため〉であることがわかった。まだ明るい往きの道は怖くないことに気づいたのだ。

当時私は「南無観世音」と唱えよと教えられたことも、観音霊験談を聞いたこともなかった。ただ子供の恐怖心のなかで四、五年間毎日読誦してきたお経の一節がとつぜん迸《ほとばし》り出たのだ。観音経の心が毛穴から沁み込んでいたものか。以来、恐怖が零になったのではなく、怖がっている自分を客観視できるようになった。

法華経に親しんだ子供時代に自分にも仏性があると教わり、かなり厳しかった周囲の諸々の環境も、その仏性を磨くものとして受け入れられた。しかし青年期に達し、自我の目覚めとともに、疑問が台頭するころ、教団間に紛争が起きた。「仏教同士の争い」をどうしても受け入れられず、離れた。やがて蟻地獄に垂らされた糸に引き上げられるように原始仏教を学びはじめた。

法華経と離れてからの長い年月、私は観音経を現世利益の経典として、どこかしら軽侮の思いがあったことにこの度気づかされた。現世利益を目先の自己中心的な欲望の満足と思い違いをしていたのだ。

ところで人は後の世の救いだけを信じて生きられるほど強いだろうか。現世に何らかの利益があるからこそ後世の救いが信じられるのではないか。

親鸞は十五首の現世利益和讃を詠まれた。その心は観音経と通底している。「南無阿弥陀仏をとなふれば」が「念彼観音力」である。阿弥陀仏は無限の慈悲の源、すなわち「かの観音の力」である。

そしてこの度、世間の至るところが呻《うめ》くとき、観音経に導かれて、近江、京都での戦火の時代を生き抜かれた観音諸菩薩を訪ねた。

もはやかつての鑑賞の対象ではなかった。掌を合わさずにはいられない何ものかを発しておられた。還暦を越えた我が身の変化に驚かされた。

いだかれてありとも知らずおろかにも
われ反抗す大いなるみ手に

九条武子の歌が浮ぶ。

目には見えぬ大いなるみ手を感じさせてくださるのが観音さまである。忙しすぎて、見えるものさえじっくり見るゆとりをなくし、まして見えないものの存在など一顧だにできない現代が、いよいよこの病いを篤くしている。物質文明がこの地球をひどく蝕んでいることがわかっていても、まだ便利さの追求は速度を緩めない。「緩慢なる殺人と緩慢なる自殺」(田村一二氏)を止めない。

しかしこの現実のなかでも、見えないものに気づく機会はある。私たちは宇宙船地球号に乗って宇宙を巡っている。その巡りの過程を時間と名づけている。時計は見えるが時間そのものは見えない。しかし時間を否定する人はない。陽が昇り、蕾《つぼみ》がほころぶ。花が閉じ、夜が来る。また日々多様なストレスを感じてサプリメントを手にする。その見えないストレスに身心を蝕まれている。目に見えない辛いものに気づかざるを得ない。

さあそれなら見えないよきものにも気づくことができるはずです。休みない時間の中で見えないストレスを抱えて病みかけていることに気づいたら、近くの観音さまを訪ねてみてはどうでしょう。

あの温容《おんよう》の前に立つと、日常とは違ったゆるやかな宇宙の時の流れを感じて、忘れていたあなた自身に会えるかもしれません。

そしてあなたのいのちのふるさとに、はるかな憶いを馳せてください。目の前の辛さが別なひかりを放ちはじめているのが感じられるのではないでしょうか。

二〇〇七年一〇月

渡邊愛子

プロフィール

監修／木村 至宏　きむら よしひろ

1935 年 10 月滋賀県出身
大谷大学大学院文学研究科国史学専攻中退。
現在、大津市歴史博物館顧問、成安造形大学学長。
所属学会
芸能史研究会会員／日本展示学会会員／日本宗教民俗学会会員
交通史研究会会員／日本歴史学会会員／シルク研究会会員
主な受賞
1996 年　第 40 回京都新聞文化賞受賞
2004 年　第 26 回滋賀県文化賞受賞
主な著書
『史料　京都の歴史』第 5 巻(平凡社 共著)『日本の神々 5　神社と聖地』(白水社 共著)
『図説　近江古寺紀行』(河出書房新社)『琵琶湖－その呼称の由来』(サンライズ出版)
『京都・滋賀　かくれ里を行く』(淡交社 共編著)『近江　山の文化史』(サンライズ出版) 他多数

文／渡邊 愛子　わたなべ あいこ

1946 年 1 月神奈川県出身
大谷大学卒業　同大学院博士課程修了　原始仏教専攻。京都光華女子大学非常勤講師
主な著書
『ジャータカ物語』(東本願寺出版部)『仏典童話』(東本願寺出版部)
『仏教説話大系』(鈴木出版　共著)『原始仏典　翻訳』(講談社　共著)
『大蔵経　全解説大事典　本縁部』(雄山閣)

画／あだち 幸　あだち さち

1944 年 4 月岡山県出身
昭和 43 年大阪外国語大学英文科卒業。54 年日本翻訳専門学院卒業。日本画を院展作家三宅順風氏、友禅を染色作家五代田畑喜八氏に学ぶ。京都の伝統的な手描き友禅染の手法に独自の技法を加え、「コクーン(繭玉)」「鬼」「羅刹女」「サロメ」など幅広い作品群を生み出す。現在までに 20 回個展開催。2007 年に京都壬生寺本堂の障壁画を制作する。
画集
『白の幻影』(法蔵館)『白い憧憬』(学習研究社)
『Ｃｏｃｏｏｎ　コクーン　いのちの物語』(吉備人出版)

読経 CD 演唱／孤嶋 由昌　こじま ゆうしょう

真言宗豊山派総本山長谷寺法務執事
1941 年生まれ。青木融光大僧正に師事し、大和長谷寺に伝承された声明曲を受け継ぐ。1967 年以来、読売ホールや国立劇場などで声明・雅楽の音楽公演、新進作曲家との現代声明公演などに出演、参加する。70 年代よりアメリカ・ヨーロッパでの海外公演を多数行い、高評を博す。80 年代からは、宗立専修学院講師、総本山研修所講師、総合研究院事相研究所所長などを歴任。事相、声明の研究と指導にあたる。

協力　高月町立観音の里歴史民俗資料館
ＮＰＯ　花と観音の里
日本美術研究所
木之本町己高閣

写真　野本暉房
木村芳文
桝野正博
奈良市観光協会
AMA
飛鳥園

コーディネイト　末広よし子

デザイン　AD/AMA
ANTSTOKYO
下村哲也

企画・構成　福泉栄治

幸福に生きる智慧　観音の扉

2007年11月15日　初版第一刷発行

発行者　木谷仁哉
発行所　株式会社ブックマン社
〒101-0065　千代田区西神田3-3-5
TEL　03-3237-7777　FAX 03-5226-9599
http://www.bookman.co.jp

印刷・製本：図書印刷株式会社

ISBN 978-4-89308-668-6